从财报看企业

包红霏　贾婷婷　著

民主与建设出版社
·北京·

图书在版编目（CIP）数据

从财报看企业 / 包红霏 , 贾婷婷著 . -- 北京 : 民
主与建设出版社 , 2023.8
ISBN 978-7-5139-4295-9

Ⅰ . ①从… Ⅱ . ①包… ②贾… Ⅲ . ①企业管理—会
计分析 Ⅳ . ① F275.2

中国国家版本馆 CIP 数据核字（2023）第 138669 号

从财报看企业
CONG CAIBAO KAN QIYE

著　　者	包红霏　贾婷婷	
责任编辑	吴优优　金　弦	
封面设计	猋　玖	
出版发行	民主与建设出版社有限责任公司	
电　　话	（010）59417747　59419778	
社　　址	北京市海淀区西三环中路 10 号望海楼 E 座 7 层	
邮　　编	100142	
印　　刷	天宇万达印刷有限公司	
版　　次	2023 年 8 月第 1 版	
印　　次	2023 年 8 月第 1 次印刷	
开　　本	670mm×950mm　1/16	
印　　张	12	
字　　数	150 千字	
书　　号	ISBN 978-7-5139-4295-9	
定　　价	42.00 元	

注 : 如有印、装质量问题，请与出版社联系。

前言

财务报表分析（以下简称财报分析），是对财务报表中的数据进行梳理、加工、比较以及分析，从不同的视角和维度探究企业筹资、投资和运营情况。本书以探究财报和企业经营之间的关系为视角，阐述如何运用会计系统产生的定量数据来解读和透视企业的经济活动。

本书以上市企业为案例，全书共8章，前4章为第一个模块——"读懂财报"，属于入门基础篇：让读者在了解财报分析背景的基础上，了解财报的结构。并阐述了水平分析法、垂直分析法以及财务比率分析法，向读者解释如何读懂和理解财报。后4章为第二个模块——"看透企业经营"，属于深化应用篇，主要剖析如何解读和掌握企业的经营状况：首先梳理企业经营活动和报表数据的关系，在此基础上深入讲解如何诊断企业财务状况，衡量企业的绩效水平以及现金管理状况，剖析企业所处的发展阶段。在第二个模块中解释了财报数据是如何反映企业的经营状况以及影响企业的投资决策的。

本书通过深入讲解案例，让财务工作者以及企业管理层快速学会读懂财报，从而进行有效决策。

本书由沈阳建筑大学包红霏教授提出框架设计并最后统撰定稿，由包红霏、贾婷婷撰写。此外，杨丽娜、孙梦繁、李舒窈、王思祺、王薏铭也为本书做了搜集资料、核对等工作。本书既融合了现有的财报分析的经典方法，也提出了资产负债表、利润表观等多重视角下分析财报的逻辑体系。本书在撰写过程中借鉴并参考了国内外一些已出版和发表的著作和文献，在此一并表示衷心感谢！

目 录

⌄
⌄

—————• 第一篇　读懂财报 •—————

第二篇　看透企业经营

第一篇

读懂财报

第 *1* 章

了解财报分析的背景

　　根据现行《企业会计准则》，我国上市企业应该披露的财务会计报告（又称财务报告，以下简称财报）包括会计报表、会计报表附注以及其他应当在财报中披露的相关信息和资料。财报分析的内涵是指依据有效的、可靠的报表信息，利用合理有效的分析工具，对企业一定时期的经营业绩做出综合分析与评价。对财报进行分析的核心在于建立系统性、有层次的分析理念。不论是对报表间钩稽关系的分析，还是根据会计报表对企业所处的宏观环境进行行业分析，以及对企业战略进行前瞻性的分析，都是财报分析不可或缺的部分。

第一节　财报的框架

一、财报的概念框架

　　财报的概念框架是"财务会计与报告的概念框架"（Conceptual Framework for Financial Accounting and Reporting）的简称，由美国财务会计准则委员会（FASB）首次提出，并在第 2 号财务会计概念公告中指出，"概念框架是由相互关联的目标和基本概念所组成的逻辑一致的理论体系，并对财务会计和报告的性质、作用和局限性做出规定，并期望可以用来引导首尾一贯的准则"。

　　我国的《企业会计准则》体系包括基本准则和具体准则，《企业会计准则——基本准则》对具体准则具有指导作用，是制定具体准则的依据，在功能上类似于西方国家的财务会计与报告的概念框架。我国《企业会计准则——基本准则》主要内容包括财报的目标、会计信息质量要求、会计要素及其确认、计量原则以及财报等。财报输出什么以及如何输出，受此基本准则的指导与支配。

（一）财报的目标

财报的目标是会计理论体系的基础。我国《企业会计准则——基本准则》对财报的目标做了明确规定：是向财报使用者提供与企业财务状况、经营成果和现金流量等有关的会计信息，反映企业管理层受托责任履行情况，有助于财报使用者做出经济决策。

上述财报的目标，我们可以从两个方面理解：一方面是"受托责任观"，如资金所有者（委托人）对企业管理层（受托人）是否有效管理其资金进行评价和考核等；另一方面是"决策有用观"，如财报所提供的信息等是否有助于潜在投资者做出投资决策，是否有助于债权人做出借贷决策等。也就是说，我国《企业会计准则——基本准则》明确了财务报告的目标兼容受托责任观和决策有用观。

（二）会计信息的质量要求

企业通过财报披露相关会计信息，《企业会计准则——基本准则》规定的会计信息质量要求是企业提供会计信息的质量标准。会计信息质量要求包括以下八项：可靠性、相关性、可理解性、可比性、实质重于形式、重要性、谨慎性和及时性。其中，可靠性与相关性在会计信息质量要求中居重要地位，可靠性充分体现了受托责任观的目标，相关性充分体现了决策有用观的目标。

（三）会计要素

我国《企业会计准则——基本准则》规定的会计要素有六个：资产、

负债、所有者权益、收入、费用和利润。

资产是指企业过去的交易或事项形成的、由企业拥有或控制的、预期会给企业带来经济利益的资源。负债是指企业过去的交易或者事项形成的、预期会导致经济利益流出企业的现时义务。所有者权益是指企业资产扣除负债后由所有者享有的剩余权益。

资产、负债以及所有者权益是与某一时点存量有关的静态要素。资产是企业资金占用的具体形式，从另一个角度来说，就是企业资金的来源，包括由所有者直接投入的资金以及向债权人借入的资金。资金由所有者投入，则形成所有者权益；资金向债权人借入，则形成企业的负债。资金来源和资金运用是同一资金的两个方面，必然有资金运用（资金占用）的总额等于资金来源的总额，这一基本原理是建立会计恒等式（资产＝负债＋所有者权益）、复式记账和试算平衡的理论基础。

收入是企业在日常活动中形成的、会导致所有者权益增加的、与所有者投入资本无关的经济利益的总流入。费用是企业在日常活动中发生的、会导致所有者权益减少的、与向所有者分配利润无关的经济利益的总流出。利润是企业在一定会计期间的经营成果。利润包括收入减去费用后的净额、直接计入当期利润的利得和损失等。收入、费用以及利润是与某一时期流量有关的动态要素。

（四）会计要素的确认、计量和报告

会计要素的确认与计量须同步进行、缺一不可。一般来说，会计要素的确认主要解决交易或者事项"应否确认、何时确认、如何确认"这三个问题。企业在将符合确认条件的会计要素登记入账并列报于会计报表及其附注时，应当按照规定的会计计量属性进行计量，确定其金额（即入账金额）"是多少"。

《企业会计准则——基本准则》规定的会计计量属性主要包括历史成

本、重置成本、可变现净值、现值和公允价值。

　　财报包括财务报表和其他应当在财报中披露的相关信息和资料。财务报表作为企业经营业绩的透视，高度浓缩了企业纷繁复杂的各种交易与事项，为使用者提供可靠且相关的描述企业交易与事项的会计信息。这些会计信息包括资产负债表、利润表、现金流量表、所有者权益变动表及附注等呈列的信息。在我国，小企业编制的会计报表可以不包括现金流量表，上市公司于 2007 年开始正式对外呈报所有者权益变动表。

　　（1）资产负债表是指反映企业在某一特定日期的财务状况的会计报表。

　　（2）利润表是指反映企业在一定会计期间的经营成果的会计报表。

　　（3）现金流量表是指反映企业在一定会计期间的现金和现金等价物流入、流出的会计报表。

　　（4）所有者权益变动表（也称股东权益变动表）是指反映构成所有者权益的各组成部分当期的增减变动情况的报表。

　　（5）附注是对会计报表中列示的项目的进一步说明，以及对未能在这些会计报表中列示的项目的说明等。

二、财报分析的逻辑框架

　　要想做好财报分析，就要掌握企业制定的战略和报表数据之间的内在联系（企业战略和财报分析间的逻辑关系），需要构建起财务报表之间的逻辑框架（财务报表间的钩稽关系），需要了解母公司和子公司报表之间的联系（个别报表和合并报表间的关系）等。

（一）企业战略和财报分析间的逻辑关系

　　关于企业战略，专家学者们对其的定义和认识有所不同。企业战略专家迈克尔·波特将企业战略描述为"是一种应对竞争环境的变化并且努力地从竞争环境中脱颖而出的基础性技能"。

企业战略对企业经营活动具有导向作用,而企业经营活动中的经济业务又反映在财务报表中,财务报表的整体结构和具体项目都会反映出有关企业战略的信息。因此,合理的财报分析需要以企业战略分析为逻辑出发点,以确保企业财务决策符合战略目标的要求。为了建立基于企业战略导向的财报分析,需要先对企业的战略进行分析,一般包括企业所处行业的竞争环境分析和企业的竞争战略分析。

行业的竞争环境分析需要结合企业外部环境影响因素对企业经营存在的威胁与机会进行全面分析。当企业处在行业竞争环境中时,通常会选择三类战略:成本领先战略、差异化战略以及专业化战略。通过对企业的竞争战略进行分析,能够确定影响企业利润的动因及主要风险,进而有针对性地进行财报分析,正确评估企业经营的可持续性,并对企业未来的经营作出合理预测。

企业间的财务决策和经济活动之所以不同,除外部环境不同外,还受到企业战略的定位及企业战略执行能力的影响,因此每家企业的财报数据必然会体现出其选取的战略的特点。

(二)财务报表间的钩稽关系

对财务报表间的钩稽关系进行分析是一种更为注重对报表与报表间的关系、报表的结构、报表各项目之间的关系进行理解的财报分析思路。

首先,根据"资产=负债+所有者权益"产生的"资产负债表",是反映一个会计主体拥有的经济资源以及对这些经济资源的要求权(权益)的报表。资产负债表能够通过揭示企业的资产、负债以及所有者权益这些静态要素在某一时点的存量及结构,来反映企业的债务清偿能力和股利分配能力,故资产负债表又名"财务状况表"。

其次,通过资产负债表的两个报表日(期初与期末)净资产的比较,可以得到净资产总量的增减变动情况，再以净资产具体项目的增减变动来反映净资产存量前后变动的具体原因，这就产生了"所有者权益变动表"。也就是说，所有者权益变动表是资产负债中所有者权益部分变动情况的体现，资产负债表与所有者权益变动表因此产生钩稽关系。

所有者权益的变动包含三个项目：其一是企业在该期间的经营业绩——净利润项目；其二是直接计入所有者权益的利得和损失项目；其三是所有者投入和减少资本及利润分配项目。其中，"净利润项目"和"直接计入所有者权益的利得和损失项目"的影响因素比较复杂，需要针对这两个项目的形成数量和影响因素单独编制一张报表来反映，并予以恰当的分类，相应地形成"净利润"和"其他综合收益"，"净利润"和"其他综合收益"合计为"综合收益"，在此之上形成"利润表"。因此，在排除所有者投入以及减去资本及利润分配项目后，利润表用来解释期初与期末净资产变动的其他原因，资产负债表与利润表因此产生钩稽关系。

企业的投资者关心的是利润表呈现出的经营业绩，企业的债权人等利益相关者还关心企业的短期债务清偿能力。企业债务到期时，用来清偿短期债务的资产主要是现金（含现金等价物），需要一张报表来反映影响企业期初与期末现金变动的具体数量及原因，于是就形成以现金流入和流出为编制基础的财务状况变动表，即"现金流量表"。

财务会计的应计基础由于采取权责发生制来确认收入与费用，这与企业现金的实际流动在时间方面可能存在差异，而现金流量表的编制基础是收付实现制，可以补充利润表的信息，于是，现金流量表与利润表产生钩稽关系。

（三）个别报表和合并报表间的关系

财务报表是会计主体对外提供的报表。对于企业投资者、债权人等外部的会计信息使用者而言，如何正确地分析上市公司的财务报表，得出与决策相关的实质性信息，掌握企业经营的基本脉络，以保证投资决策的正确性与准确性是非常重要的。

对上市公司的财报进行分析，首先需要了解上市公司财务报表的构成。如果上市公司有对外股权投资，并能够控制被投资单位，那么上市公司作为母公司、被投资单位作为子公司，与合营企业和联营企业组成了企业集团，对外披露的报表包括母公司编制的个别报表和合并报表。其中，合并报表是对母公司个别报表和所有其能控制的子公司的个别报表进行调整和抵销处理之后合并而成。个别报表反映了母公司及子公司各自的财务状况、经营成果和现金流量，合并报表反映了整个集团的财务状况、经营成果和现金流量。

如果没有合并报表，只提供母公司个别报表，大量有价值的子公司的财务数据信息就不会被公开披露，子公司的财务数据信息只是简单地体现为母公司资产负债表中的长期股权投资以及母公司利润表中的投资收益，那么，对于投资者等外部的会计信息使用者来说，财务报表的参考作用将会降低。因此，投资者依据上市公司披露的财务信息评估其投资价值时，应该主要使用合并会计报表。

本书选取上市公司 A 企业为案例，对其年度报告（以下简称年报）进行分析，以挖掘更多的企业经营信息。信息披露媒体包括《上海证券报》《中国证券报》《证券日报》《证券时报》等；登载其年报的为中国证监会指定的网站——上海证券交易所、深圳证券交易所；所属证监会行业分类为电气机械和器材制造类。分析该企业年报时，重点分析其资产负债表、利润表和现金流量表，所有者权益变动表从略。

第二节 企业商业模式分析

一、商业模式概述

自 20 世纪 90 年代开始，"商业模式"一词越来越频繁地出现，成为众多企业家以至学者纷纷探讨的热门概念。正如管理学大师彼得·德鲁克所说："21 世纪企业间的竞争，已经不是产品与价格之间的竞争，而是商业模式之间的竞争。"时至今日，随着经济社会的不断发展，商业模式创新逐渐成为企业提升竞争能力的主要手段，也成为众多投资者进行投资活动时考量的重要标准，在这种大环境下，商业模式理论逐渐产生并日臻完善。

（一）商业模式的概念

"商业模式"一词源自英文词组"Business Model"，于 20 世纪 50 年代第一次正式出现在国外学者的论文中，在随后的几十年间，"商业模式"作为新兴的研究领域逐渐受到研究者的广泛关注。

尽管商业模式在国内外已经得到企业界和学术界广泛关注，但商业模式的概念难以得到统一的界定，原因主要有二：其一，商业模式作为新的研究领域，一直处于持续发展和不断完善的过程，很多概念随着经济社会的发展难以做出统一的准确解释；其二，商业模式涵盖的范围较广，贯穿企业从取得资源、产出产品、打入市场以及售后反馈的商业全过程。此外，企业之间的合作方式、收入分配、产品研发、客户管理等一系列经营活动也都属于商业模式的研究范畴，研究角度多样使得对"商业模式"一词进行统一界定变得更加困难。

在综合各种学术研究的基础上，我们了解企业复杂多样的经营活动，分析其各自经营的不同特点，找到众多企业经营活动背后本质的东西，这种本质的东西是对企业内外部资源、能力、顾客等各个要素的整合，涵盖众多经营领域，适用于所有企业。可以认为，无论企业所提供的服务或生产的产品有何不同，都存在一个统一的目标，即"价值创造"。这里所说的价值创造，指的不仅仅是企业经济价值这一层面，还包括顾客价值、伙伴价值等层面，如果脱离价值创造这一目标，企业也就失去了存在的意义。因此，基于价值创造角度，商业模式的概念可以大致表述为"企业进行价值创造的逻辑"，也就是说，商业模式是由一系列具体的经营活动所构成的系统，这一系统按照一定的逻辑运转，最终目的为价值创造。

（二）商业模式的特征

1. 经营的可持续

商业模式的特征之一是要能够实现企业的可持续经营，其包含两层含义。首先，可持续经营是指通过商业模式，企业可以实现持续盈利。企业的经营逻辑之所以能够形成商业模式，一定是在持续盈利的基础上的，当某种经营逻辑能够使企业持续盈利时，随着规模的扩大，这种经营逻辑就自然而然地发展成一种商业模式。其次，持续经营也表现为商业模式的持续完善与创新。企业若想持续保持竞争优势，离不开商业模式自身不断的完善与创新，这里的创新不仅仅局限于科技的发展和产品的更新换代，更包括经营活动中某一环节的改进，甚至是对原有经营逻辑的重组，在经营活动中，每一个环节的调整都可能带来商业模式的创新。

2. 体系的系统化

商业模式是企业能够实现价值创造的逻辑体系，根据这种逻辑构建出的体系呈现出系统化的特征。组成商业模式的各个层面和各个部分之间相互连通、互为支撑，构成内在具有一定逻辑关系的系统化体系，以实现其价值创造。该体系涉及企业经营活动的各个方面，包括企业自身的定位、目标客户群以及市场份额等。

3. 资源的最优化

商业模式能够有效整合企业所拥有的资源，具有实现资源配置最优化的特征。作为一种有着内在逻辑的系统化体系，商业模式具有整合并合理配置资源的能力，它根据企业自身的发展愿景以及客户的倾向性对拥有的资源进行配置，并寻求资源分配与市场需求的最佳结合点，以提升企业的核心竞争力，使企业更加高效地运行，稳步成长。

二、国内商业模式研究

对于商业模式的研究，国内学者在吸收借鉴国外学者观念的基础上，结合国内实际情况，形成了一套自己的理论。国内学者关于商业模式的观点大致可以分为运营类和战略类两大类。

（一）运营类商业模式

在运营类商业模式的观点中，企业的运营结构通常被表示为商业模式。这一观点的重点在于阐述企业为了实现自身价值创造这一目标，对经营活动的内部流程及环节进行了怎样的设计和构造。该商业模式涉及的构成要素主要包括产成品或所提供服务的交付方式、内部运营流程、生产环节管理、所持资源分配、技术支持以及售后保障等。

运营类商业模式更关注分析及重塑企业的经营过程，借由深入剖析企业的各项生产经营活动来解读企业的运营机制。例如，学者李振勇于2007 年提出，商业模式的核心在于创造一个完善且具有核心竞争力的运营机制，该机制能有效整合经营活动中的有关因素，使经营活动实现效率与企业价值的最大化，同时达到持续盈利的目标。

（二）战略类商业模式

在战略类商业模式的观点中，企业的战略选择与宏观方向被表述为商业模式，该模式涉及企业的组织形态、市场定位、发展机遇、增长态势、竞争优势以及可持续性等方面。在研究此类商业模式时，需要考虑的变量主要有价值创造、差异化战略、利益相关者选取、企业愿景、互联网与合作伙伴等。

战略类商业模式通常是从企业战略的角度来衡量商业模式的形成与创新，以实现企业价值作为商业模式的目标。例如，2007年，学者朱武祥、魏炜提出：企业业务活动系统与利益相关者的交易结构应作为商业模式的核心内容。在该理论下，商业模式的主要任务是制定企业的战略，此外，还考虑如何实现企业价值与客户价值的联结和共赢。他们提出，完备的商业模式应当具备企业定位、业务体系、核心资源能效、获利模式、现金流结构以及价值实现六个维度。

三、商业模式与财报分析

（一）商业模式的信息披露

商业模式与会计要素的确认、计量和报告关系密切，在一定程度上影响着企业财务信息的列报。因此，分析在财务信息披露中被纳入商业模式的内容，有利于信息使用者剖析企业的价值动因，加强对企业的竞争优势以及风险等关键要素的理解。

2013年，国际综合报告理事会（IIRC）发布的《国际综合报告框架》强调，商业模式信息披露对利益相关者有重大意义，并将商业模式列为综合报告的八个内容元素之一。2016年，我国中小企业股份转让系统提出在新三板挂牌的企业须在年报中正式披露商业模式这一要求。2018年，挂牌企业半年度报告内容与格式模板中详细给出了商业模式信息披露的参考格式，要求在"管理层讨论与分析"的第一部分——经营分析中披露企业的商业模式：简要描述企业目前所处行业、主营业务、产品或服务、客户类型、关键资源、销售渠道、收入来源等情况，并说明商业模式各项要素的变化情况以及对企业经营的影响。

A 企业 2020 年年报中的第四节为"经营情况讨论与分析"，该节内容提到——报告期内，企业围绕既定战略，同时结合行业和市场发展趋势，积极推进并落实以下工作：聚焦自有品牌建设，提升高附加值产品占比；推动提升家用服务机器人新品类营收占比；延展其产品线，为品牌发展注入新动能；布局商用服务机器人。

（二）以商业模式为背景进行财报分析

财报反映的是企业以价值创造为目标的经济活动，而商业模式可以大致表述为企业进行价值创造的逻辑，二者都与企业价值有一定的相关性。

从商业模式来看，企业在各自的商业模式下进行价值创造，其盈利方式与重点也各不相同，反映在财务报表上的数据也会体现出不同的特征。即便是处于同一行业的企业，由于各自的发展阶段不同、发展路径不同，报表也会体现出不小的差异。即使面对同一份报表，以不同的商业模式为前提进行分析，也有可能得出不同的结论，可以说，不同的商业模式会使报表呈现出各自不同的数据表现。因此，在对企业的财报进行分析时，以商业模式为背景来判断企业的经营活动会更加准确明晰。

从财报的目标来说，如果基于"受托责任观"这一角度来分析财报，在商业模式背景下分析财报应重点关注企业内部资源的分配及作用，即管理者以何种方式以及经济动机使用或处置资产、持有或转让债务。而如果基于"决策有用观"这一角度来分析财报，将商业模式与财报分析相结合的重点在于通过对商业模式的整体把握，使外部的信息使用者在分析财报时能够更加清楚地了解企业开展经营活动的方式以及利润获取情况，掌握价值增减变动及流转过程，准确地通过现金流的情况来判断风险系数，使得投资决策更加科学合理。

综合来看，在对商业模式具有一定了解的基础上进行财报分析，不仅能够更加清楚地判断企业的财务特征，还能够判断财务信息的可比性。

1. 判断财务特征

在实际经营中，因企业的商业模式不同，财务报表也会呈现出不同的特征，比如，大多数汽车制造企业采用计划生产、降低库存的JIT（准时制生产方式，也称无库存生产方式）商业模式，其库存周转率很高；重型机械制造企业大多采用融资租赁的商业模式，在财务上的特征就会反映为坏账准备较高。此外，有的企业依靠高速周转率盈利，有的企业依靠较高的毛利润盈利，有的企业依靠杠杆盈利……总之，各自具有不同的商业模式，而大多数商业模式都有较为显著的财务特征。

以苹果公司为例，该公司所采用的轻资产商业模式对其财务报表的特征具有较为显著的影响。苹果公司作为轻资产模式的典型代表，在经营方面主要采取以下方式：通过大规模外包简化生产，有效利用供应商的无息融资，并购有技术优势的小公司来构筑高科技壁垒。该公司的商业模式潜在地影响了财务报表的表现，使财务报表呈现出较为鲜明的轻资产模式特点，主要表现为：存货周转速度和资金周转速度较快、现金储备及营运资本较高、经营现金流及广告研发费用较高、存货及固定资产占比较低以及净利润较高等。

显然，商业模式与财务报表之间存在一定的内在关联性，通过对企业商业模式的了解，能够对企业财务状况做出更加准确的判断。

2. 财务信息可比性

在对企业财务报表进行分析时，我们经常采取对不同企业的财务指标进行横向比较这一方式来判断企业的经营状况。但在以商业模式创新著称的新经济时代，部分企业在发展的过程中经营业态发生较大变化，我们仅通过企业名称及其主营业务，很难判断哪些企业属于同类型可比企业，单凭财务报表中的数据，无法判断哪些财务信息与企业价值关联性最大。在这种情况下，我们需明确：该选择哪些主要财务数据进行横向比较。

在此情况下，需要采用表外信息与财务报表相结合的方式来满足财报分析的需求，而对商业模式进行分析能够起到整合表外有价值信息的作用。通过对不同企业商业模式的比较，可以确定企业的哪些财务信息具有可比性，比如，如果按照性质划分，腾讯和 Facebook 都属于运营社交平台的企业，但在收入来源与利润方面，腾讯的盈利主要来自网络游戏，而 Facebook 的盈利则主要归功于网络广告，二者虽然同属社交平台，但商业模式迥异，因此两家企业财务信息的可比性不高。

以蚂蚁集团为例，根据《上市公司行业分类指引》，蚂蚁集团所属行业为"信息传输、软件和信息技术服务业"中的"互联网和相关服务"，据此，我们可知蚂蚁集团将自己界定为一家科技公司。但其涉及的业务领域十分宽泛，无论是蚂蚁集团自身的宣传还是各类财经新闻对其的报道，均将蚂蚁集团视为金融科技类企业，因此，如果仅按照行业分类指引，将蚂蚁集团定义为科技公司未免不够准确，无法反映蚂蚁集团的本质特点。在这种情况下，对蚂蚁集团的财务报表进行分析就遇到了困难，在进行横向对标选择时，无法判断是该将蚂蚁集团与科技企业对标，还是该将其与金融机构对标。此时，我们不妨从商业模式的角度进行分析。根据蚂蚁集团 2020 年 8 月发布的招股说明书介绍，该企业的盈利主要依靠数字支付、数字金融科技平台。我们据此可以判断，在进行横向对比的财务分析时，将蚂蚁集团的财务信息与互联网企业进行横向对比显然不够合理，而将蚂蚁集团与从事数字支付业务和提供金融科技服务的企业进行对标分析则更具可比性。

除了对标企业的选取问题以外，当企业之间的商业模式存在重大差异时，按照《企业会计准则》的要求，确认收入的方法可能会有所不同，毛利率、净利润率以及各种资产周转率等指标也将失去可比性。

综上可见，在了解企业的商业模式的前提下进行财报分析，有利于提高会计信息的可比性。

第三节　行业分析

一、行业分析概述

行业分析是指对某行业的特征进行分析，通过对该行业一定时期内基本属性的判断，了解该行业的现状和未来发展态势。分析某行业的特征时，主要应该对该行业的市场需求情况、技术情况、竞争情况、成长情况以及获利情况等进行分析。

（一）行业分析的任务

相较于宏观经济分析，行业分析更为具体，是对企业财务状况进行分析的先导，具有承上启下的作用。具体来说，行业分析主要包括以下几方面：

（1）判断该行业现处于何种发展阶段，并分析该行业在国民经济中的地位；

（2）分析能够对该行业发展产生影响的因素及影响程度；

（3）预判、推测该行业发展趋势，判断该行业的投资风险及价值；

（4）为政府或企业的外部投资者提供决策依据和投资参考。

（二）行业的生命周期

市场对某行业所生产产品的需求情况决定了该行业的生命周期长短，而通常来讲，行业的生命周期主要分为以下四个阶段。

（1）投入期。在初创阶段，处于新行业的企业所生产的产品知名度低，市场需求量小，销售收入低，且投入的研发费用较高，因此，在这一阶段，企业普遍亏损，很难实现盈利。

（2）成长期。在这一阶段，新行业所生产的产品经过上一阶段的投入、宣传以及市场的检验，逐渐吸引了一批消费者，产品需求量开始增加。此时新行业生产企业开始革新技术，降低成本，扩大生产，并通过开发新产品来扩大自身的竞争优势。

（3）成熟期。在此阶段，一些没有形成自身优势的企业被逐渐淘汰，在竞争中生存下来的企业获得一定的市场份额，企业之间的竞争不再仅仅集中于价格方面，而是逐步转为产品质量和性能方面的竞争，整个行业的增长速度达到较为均衡的状态。

（4）衰退期。在这一阶段，随着经济社会的发展，新产品以及该行业产品的替代品不断涌现，导致该行业的市场份额缩小，产品需求量下降，销售额下降，生产企业减少，利润率不再上升甚至下降。

二、行业分析要点

要对某一行业进行分析，需要着重分析以下几方面。

（1）行业环境分析。行业环境是指企业所处行业的行业结构、行业内企业的普遍行为方式、行业平均业绩水平、竞争激烈程度、利润空间等。对于企业而言，行业环境是对其影响最大、作用最直接的外部环境。

（2）行业结构分析。行业结构主要包括行业的供给结构、需求结构、产业链结构等。其中供给结构是指企业间的竞争程度、进入壁垒的大小、企业集中度以及市场占有率等；需求结构是指产品需求的增长率、产品多元化和差异化等；产业链结构是指在行业内部所形成的纵向一体化程度。

（3）行业市场分析。市场分析最重要的部分在于市场规模，因为市场规模直接决定该行业可以容纳多少企业，以及企业可以获得多少收入。除市场规模外，行业市场分析还应当包括产品的分销方式、销售趋势、市场发展方向以及产品需求预测等。

（4）行业组织分析。行业组织分析主要关注行业对业内企业发展状况的要求，主要包括企业间的关联性、行业达到的规模经济水平、一体化及专业化程度、组织结构的变化等。

（5）行业成长性分析。行业成长性分析是指对行业所处的生命周期、成长趋势进行分析，在此基础上判断企业未来的发展方向。

三、行业分析与财务报表

企业在经营过程中，总会与经营环境相互作用。经营环境是指对企业的经营活动产生直接或者间接影响的外部要素的集合。企业所处的行业无疑是经营环境的重要组成部分，与市场因素、政策法规等共同作用于企业经营。尽管企业的财务报表充满数字，但若想把握企业面临的机遇和风险，对报表做出准确分析，就要跳出数字迷宫，立足于行业整体状况，这样才能更加全面、清楚地解读和分析财务报表。也只有如此，才能通过企业的财务报表合理剖析企业的经营管理活动，预测企业发展前景。

（一）财务指标的行业标准

财务指标的行业标准指的是同一时期内行业内的其他企业所达到的普遍水平。在行业背景下分析财务报表，可以通过财务指标的行业标准来判断企业的经营情况，通过行业标准来判断企业在同行业中所处的地位和水平。譬如，假设某一行业的投资收益率的行业标准为 11%，若案例企业的投资收益率为 9%，则投资者对该企业的投资收益率不会满意。此外，财务指标的行业标准还可以用来判断企业的发展趋势，譬如，在某一时期，案例企业的利润率从 11% 降至 8%，而行业内的其他企业的利润率从 11% 降至 5%，则投资者可以判断，在这一时期案例企业的获利情况良好。

在利用财务指标的行业标准进行分析时，有几点需要注意。第一，同一行业的两家企业财务指标未必具有可比性。比如，两家企业虽然都从事石油行业，但甲企业购买原油来生产相关石油产品，而乙企业拥有集开采、生产、提炼和销售于一体的产业链，两家企业经营方式不同，即使属于同一行业，财务指标也是不可比的。第二，当前一些实力较强的企业往往开展多元化经营，主营业务行业跨度较大。业务不同，则获利能力和风险系数自然不同，此时如果运用行业统一标准进行衡量自然不尽合理，在此情况下，应将企业不同业务的资产、收入、费用等要素分别列报。第三，分析财务报表时能否运用行业统一标准还受到企业采用的会计核算方法的约束。同行业内的企业如果采用不同的会计核算方法，也会影响评价的客观性，比如，库存材料发出时选取的计价方法不同，不仅影响存货价值，还影响成本数据。

（二）财务报表的行业特点

处于不同行业的企业经营特点不同，故而其财务报表的特点也不同。在行业背景下分析不同类型的企业，有利于更加清楚地了解其财务报表的特征。

举例来说，房地产行业受国家宏观政策影响较大，且由于房屋建造周期长，所以运营周期普遍较长，同时，房地产行业普遍举债经营，因此资产负债率较高是房地产行业财务报表的普遍特点；汽车制造业属于传统的

工业制造行业，分析汽车制造企业的财务报表时，应对工业制造业财务状况的各方面进行关注，重点包括收入增长、利润变动、经营周期的长短以及现金流质量的好坏等；批发零售属于传统的物资贸易行业，对线下零售实体商超的财务状况进行分析时，应重点关注其存货周转速度，因为该行业企业通常不进行生产，因此存货周转速度对企业财务的整体状况影响较大；文化服务行业属于朝阳行业，市场需求不断提升，但目前在我国该行业市场分布较零散，行业内企业缺乏统一管理，因此在分析文化服务行业的企业财务状况时，应着重关注其营业收入是否具有持续增长能力，以及其所占的市场份额大小。

综上所述，对某个企业财务状况及质量的分析应当建立在该企业所处行业的背景之上，了解企业所处的行业大环境，是对企业财报进行全面、客观分析的基础和先行条件。

第四节　企业战略分析

一、企业战略分析概述

企业战略是指企业在经营活动中实施的各种战略的统称。企业总体战略可细分为业务性子战略（业务战略）和职能性子战略（职能战略）。虽然这两种战略各自的种类较多，但综合来看，都是立足于整体性的总体战略。企业的经营活动不同，其采取的总体战略也各有异同，较为典型的有成本领先战略、差异化战略、多元化战略等。结合自身经营特点，从不同的角度与层次出发，提出适宜自身发展的企业战略，是现代企业的普遍做法。

财务战略服务于企业的总体战略，是以财务资源有效配置为核心的价值增值活动，是企业战略中属于职能性子战略的重要部分。在企业经济活动中，资金运动可分为筹资、投资、运营和收益分配四个方面，如果从这个角度考虑和设计企业的财务行为，则财务战略包括筹资战略、投资战略、运营战略和收益分配战略。本书将在第二篇重点分析前三个财务战略。

企业战略分析主要包括组织内部分析和外部环境分析，通过收集与整理资料，了解企业拥有的资源、所处的地位以及环境变化等，在此基础上分析面临的机遇与挑战、利益相关者情况、战略的制定以及实施效果等。

企业的获利能力除了与其所处行业有关外，还与其所选择的战略有关。如果希望在较长时间内能够保持良好的获利水平，则需要选择适合自身的经营战略并顺利执行，由此形成核心竞争力，增强其在行业中的不可替代性，以可持续的方式构造企业的价值链。

二、企业战略分析常用方法

进行企业战略分析时，以下几种分析方法较为常用。

1．SWOT 分析法

SWOT 中四个字母在企业战略分析中分别代表优势（S）、劣势（W）、机会（O）、威胁（T）。SWOT 分析法将企业既有的优势和劣势以及未来可能面对的机遇和挑战有机结合，在调查后将各因素列举出来，按照矩阵的方式依次排列，用系统的方法进行分析，通过各种因素的相互匹配，得出相关结论。在这种分析方法下得出的结论通常有决策的性质。通过 SWOT 分析法，可以对目标企业所处的环境进行全方位、多角度的分析和研究，并以此为依据制定有针对性的战略或计划。

2．内部因素评价矩阵

这种分析方法着眼于企业的内部因素，找出能够对企业未来发展造成影响的优势因素和劣势因素，根据各类因素影响力的大小分别为其赋予系数，然后按企业对各因素的反应程度对各因素打分，计算后得出企业的总分数。通过内部因素评价矩阵，企业可以将自身的优势与劣势进行汇总，得出的量化数据能够表明其内部状况处于弱势还是强势。

3．外部因素评价矩阵

与上一种分析方法相对应，外部因素评价矩阵着眼于企业的外部环境，从机遇和挑战两方面找出能够对企业未来发展产生影响的因素，根据各类因素影响力的大小分别为其赋予系数，然后按企业对各因素的反应程度对各因素打分，计算后得出企业的总分数。通过外部因素评价矩阵，企业可以将面临的机遇与挑战进行汇总，得出的量化数据能够代表企业对外部影响因素的反应程度。

4．波特五力分析模型

该模型由学者迈克尔·波特于 20 世纪 80 年代提出，该模型由对竞争程度及规模起决定性作用的五种力量构建而成，这五个维度的力量整合起来能够影响企业的竞争战略决策以及该产业的吸引力。这五种力量分别为：行业内竞争者现在的竞争能力、潜在竞争者进入的能力、替代品的替代能力、供应商的议价能力以及购买者的议价能力。在某种程度上，该模型属于外部环境分析中的微观层面。用波特五力分析模型对企业竞争战略进行分析，能够准确了解企业所处的竞争环境，能够了解行业内企业的平均获利空间。波特五力分析模型不仅能衡量企业的能力，还可以衡量产业的整体形势。通常，在对企业的创业能力进行分析时，为了知晓目标企业在行业内拥有怎样的获利空间，也可以应用这种方法。

三、基于企业战略的财报分析

在同一行业内，参与竞争的各企业都拥有自己的企业战略，企业不论执行何种战略，重点都着眼于提升企业自身的核心竞争力，通过种种战略来保证自身持续获利的能力。由于行业内的企业处于行业整体价值链的不同环节，因此不同企业的财报特征也存在差异。

如果在进行财报分析前没有对企业战略进行分析，仅对财报中的数据进行常规分析，则很有可能会对企业的经营状况做出错误的判断，从而影响财报使用者的决策。因此，以企业战略为背景进行财报分析是十分必要的，在进行财报分析时需要注意以下三点。

1．准确确立分析的立足点

财报分析不应局限于"就报表论报表"的状态，基于企业战略的财报分析更能体现发展性思维。要关注企业的竞争地位，在分析财报时注意结合内部及外部的经营环境、企业自身的优势与劣势、面临的机遇与挑战等因素，综合考虑各种因素，通过了解企业战略等相关信息，清楚地理解和把握财报数据中蕴含的经营活动的含义。

2．运用正确的分析方法

在财报分析中较为常见的方法有比较分析法、比率分析法、趋势判断法、杜邦分析法等。这些方法都是通过对财务报表中的数据进行计算，得出相应的指标，在此基础上进一步分析判断后得出结果，更注重财务指标的"量"。

而在企业战略背景下进行财报分析，可以从企业发展战略的角度出发，运用管理学相关方法分析问题，将财报分析与企业发展战略分析有机结合起来，分析企业的经营业绩、资产情况、现金流量等。

3. 全面分析相关内容

财报分析主要以企业内部情况为关注重点，对企业的资金流动情况、资产运营能力、偿债能力、盈利能力等方面进行分析。而在企业战略的背景下，除了按照常规的思路对财报进行分析外，还要分析企业的内外部经营环境，综合考虑企业的经营与发展战略，考虑的内容更为宽泛，使财报分析与企业发展融为一体。

在实际操作中，对于经营型企业而言，专业化和竞争力是企业重要的发展战略，对这类企业的报表进行分析时，要重点关注核心利润、经营活动现金流量等方面，因为这些数据能更直观地表现企业的竞争力。对于投资性企业来说，多元化战略和税收筹划战略是这类企业普遍采用的竞争战略，分析报表时要注意与这类战略相关的数据。如果企业采取引资战略，分析报表时就要注意金融性负债、经营性负债以及股东投资等数据。

财报是对企业既往经营活动情况的总结，如果只局限于报表内的数据分析经营情况，难免会有滞后性，因此，应综合考虑企业的商业模式、行业状况、企业战略等方面，了解报表之间的钩稽关系，从全局性、长远性出发，综合考虑和剖析企业经营，为后续决策提供更有价值的信息。

第 *2* 章

了解财报的结构

第一章的第一节已经简略地描述了财务报表间的钩稽关系，在接下来的第二章、第三章中将分别阐述不同报表的结构、报表项目分析的方法，以便更好地读懂和理解财报。

报表项目按照会计科目的内在经济含义、数量逻辑关系进行分类、组合和排列，形成的财报结构具有一定的经济含义，例如资产负债表中"资产总额"反映了企业实际控制的经济资源的数量，显示了企业获得经济利益的潜力和能力。因此，读懂财报，了解财报的结构也是一项重要的内容。

第一节　资产负债表的结构

一、资产负债表的作用

资产负债表能够提供的财务信息主要涉及资产、负债、所有者权益这三大方面，它能够反映企业在某个特定日期的财务状况。我国的年度资产负债表日是指每年的 12 月 31 日，由于反映的是某个时间点的情况，因此属于静态报表。

对于资产负债表而言，投资决策决定了企业资产的分布及结构，融资决策和股利政策决定了企业负债及所有者权益的规模及结构，报表整体结构又决定了整个企业的财务状况。因此资产负债表作用主要包括以下两方面。

一是反映企业的财务状况。期初资产负债表反映了企业本期可以利用的从事经营、投资和筹资活动的经济资源，通过分析资产负债表具体项目变动情况，可以了解企业财务状况的变动原因，有助于投资者和其他利益相关者了解企业的财务状况。

二是为企业管理提供决策依据。资产负债表能够为企业管理层提供重要的决策依据，例如，通过比较不同时期资产负债表的数据，管理层可以判断企业的运营情况，并制定相应的经营策略。

二、资产负债表的基本结构

资产负债表的基本结构如图 2-1 所示。

资产负债表	
资产	负债
	所有者权益

图 2-1　资产负债表的基本结构

资产负债表中的资产，一部分用于满足企业日常的生产经营活动，如存货和固定资产等，另一部分用于企业的各项对外投资，如金融资产、长期股权投资等，企业采用不同的战略会使企业呈现出不同的资产结构。同时，资金是企业发展的驱动力，负债和所有者权益的分布不同也会影响企业的发展方向。

三、资产负债表的具体结构

(一)资产部分的具体结构

从经营的角度出发,因资金存在和分布形成的资产包括流动资产和非流动资产两部分。

流动资产是企业在经营活动中能够快速转化为现金[①]、现金等价物[②]或者在一年内消耗的资产,如货币资金、应收账款、存货等,这些资产具有较高的流动性,可以随时用来支付企业的短期债务和日常经营活动的开支。流动资产是企业日常经营不可或缺的资产,对企业的经营活动和短期偿债能力有着重要的影响。企业应根据自身的经营特点和风险偏好,合理配置流动资产,以确保企业的短期资金供应和业务发展。

非流动资产需要一年以上才能够转化为现金及现金等价物,这部分资产的实质构成了企业的"对内投资"和"对外投资"。如企业购置的厂房、设备、土地等固定资产,被视为对内投资,因为这些资产主要用于支持企业的日常运营和发展,提高生产力,以生产更好的产品或提供更好的服务;企业投资于其他企业或持有的其他公司的股权、债权等金融资产,被视为对外投资,因为这些资产不直接用于企业的日常经营,而是通过持有其他企业的股权或债权而获得股利或利息收益。可以看出,非流动资产通常是企业长期经营和投资的重要资产,对企业的发展和成长具有重要的意义。

通过分析"流动资产占总资产的比例"与"固定资产占总资产的比例"的比值大小,可以将企业资产结构分为 3 种类型:保守的固流结构、

[①] 包括库存现金以及可以随时用于支付的存款。
[②] 指企业持有的期限短、流动性强、易于转换为已知金额现金、价值变动风险很小的投资。

适中的固流结构以及激进的固流结构。举例来说，固流结构越趋向于保守，企业资产的流动性越强，资产的变现能力越强，但缺点是可能导致盈利水平降低。企业在运营过程中应该寻找资产风险与盈利水平的契合点，使企业在避免资产风险的前提下获得较高的盈利水平。

（二）负债部分的具体结构

从经营的角度来看，负债是一种资金来源，在自有资本的收益率高于他人要求的收益率的前提下，用别人的钱赚钱，类似于"借鸡生蛋"。与资产类项目相近，资产负债表中的负债类项目也是根据流动性的强弱，划分为流动负债和非流动负债。

流动负债是企业在一年内需要偿还的负债，如应付账款、应付工资、短期借款等。流动负债既反映了企业在短期内需要偿还的债务，也反映了企业短期内的资金需求情况。对于企业来说，需要合理控制流动负债的规模和结构，确保短期内有足够的流动资金以应对业务运营和债务偿还需要。

非流动负债则是指偿还期在一年或一年以上的企业负债，如长期借款、应付债券等。非流动负债通常有较长的偿还期限和较高的利息成本，因此对企业的资金需求和债务管理具有重要影响。企业需要合理规划和管理非流动负债的结构和规模，确保能够满足长期资金需求和债务偿还的能力。

了解负债的组成可以帮助企业合理规划和管理负债结构，控制负债规模，确保企业有足够的资金满足业务运营和债务偿还的需要。

（三）所有者权益部分的具体结构

所有者权益是企业融资的重要来源之一，通常包括所有者投入的资本和留存收益两大类内容。

投入资本是企业创立或者增资扩股时股东投入的资本，主要包括实收资本和资本公积两部分，它是企业最初的资本基础，也是企业稳定发展的重要支撑。

企业从利润中留存下来的部分称为留存收益，主要包括盈余公积和未分配利润两部分。留存收益可以用于研发、收购等重要的资本性支出活动，以支持企业的持续增长和发展。因此，留存收益反映了企业的内部积累能力和未来成长潜力，也是企业发展的重要支撑。

所有者权益的结构和规模也反映了企业财务的稳定性，对于投资者、债权人和其他利益相关者也具有重要的参考价值。

资本结构研究的是流动负债、长期负债以及净资产占总权益的比例，通过分析负债部分和所有者权益部分（两部分合计为总权益）分别占总权益（总资本）的比重以及分配状况，可以了解企业的资本的筹资渠道及财务风险，可以分析资本结构的合理程度。

综上所述，从具体战略层面审视资产负债表的具体结构，能够从宏观上把握更多的会计信息。资产负债表的具体结构见图2-2。案例企业的合并资产负债表参见附录1。

而合并资产负债表还会设置少数股东权益项目，列示除控股股东外其他股东的权益。

资产负债表	
流动资产	流动负债
	非流动负债
非流动资产	投入资本
	留存收益

图2-2　资产负债表的具体结构

第二节　利润表的结构

一、利润表的作用

利润是企业在一定会计期间的经营成果，而利润表可以被视为企业在一段时间内财务业绩的记录，它能够反映该企业在这段时间内创造的收入、与收入相关的成本及费用、这段时期的利润或亏损。因此，利润表能够全面、综合地反映企业的经营状况及结果，属于动态报表。

企业会根据战略目标决定企业的经营范围和经营种类，经营范围和经营种类会影响企业的收入来源和分布，并影响企业利润水平的发展态势。因此，利润表的作用主要包括以下两方面。

一是显示企业的盈利水平。可以通过利润总额和净利润等指标来评估企业的盈利能力。利润表不仅可以反映企业的历史盈利情况，也可以作为预测企业未来盈利能力的依据。通过对企业历史利润的分析，可以对企业未来的盈利情况做出预测，为企业的决策提供参考。

二是分析企业的经营活动。利润表反映了企业的营业收入和营业成本等信息，可以帮助分析企业的经营活动是否良好。如果企业的营业收入不断增长，而营业成本相对较少增长，说明企业的经营活动比较稳健。

二、利润表的基本结构

利润表的基本结构是基于利润的计算公式，即：广义收入 – 广义费用＝利润。我国企业会计制度规定企业采用多步式利润表，逐步、分层次来计算利润。营业利润是企业在日常经营活动中所创造的利润，其最大特点是具有稳定、持续性。企业在营业利润的基础上扣除非经常性损益后得到的是利润总额，利润总额反映的是企业全面的盈利状况。利润总额扣减所得税费用后得到净利润。

需要说明的是，我国在会计准则中用来反映经营成果的项目主要是利润（上文的净利润、利润总额、营业利润等），现在也开始使用综合收益来反映经营成果。

三、利润表的具体结构

营业利润是企业在销售产品或提供服务形成营业总收入后，扣除营业总成本、投资收益、公允价值变动损益、资产减值损失等项目后得到的利润。在利润表中，营业总收入包括营业收入、利息收入等项目，营业总成本包括营业成本、利息支出等项目。

在财报分析中，营业收入和营业成本是分析利润表时的首要指标，之所以将其作为首要指标，是因为这一项目是企业实现盈利的基础。在分析营业收入时，要考虑企业规模这一因素，而不能只是简单地进行不同企业的横向对比。此外，还要关注营业收入的纵向增长情况，比较营业收入增长率和盈利增长率，来判断营业收入增长的"含金量"，为企业下一步的经营管理提供参考。

从利润的持续获取能力方面来看，营业利润占利润总额的比重非常关键，因此，需要了解利润表的具体结构，判断企业经营活动的优势和劣势。

综上所述，利润表的基本结构见图 2-3。案例企业的合并利润表参见附录 2。

利润表
一、营业总收入
二、营业总成本
三、营业利润
四、利润总额
五、净利润

图 2-3　利润表的基本结构

合并利润表还会设置少数股东损益项目，列示除控股股东之外其他股东的损益。

第三节　现金流量表的结构

一、现金流量表的作用

现金流量表中的现金流量指的是企业的现金及现金等价物的流入及流出量。现金流量表把现金及现金等价物视为一个整体，为以股东为主的报表使用者提供一定期间各项业务活动的现金流入和流出及其变动的数字信息。

由于企业的资金流动的起点和终点都可以看作现金，所以通过分析企业的现金来源和运用数据，可以很好地了解企业的资金流动。而现金流量表是企业现金流动状况的最好汇总，所以通过企业的现金流量表信息可以分析企业的资金流动状况。现金流量表的作用主要包括以下两方面。

一是作为企业现金管理决策的基础。现金流量表记录了企业现金流入和流出的情况，可以帮助企业管理者全面了解企业的现金状况，制定现金管理策略，确保企业现金流充足。

二是作为企业经营风险的诊断工具。现金流量表可以帮助企业诊断自身的经营风险，尤其是短期偿债能力和现金流量风险。企业管理者可以通过分析现金流量表，了解企业现金流量状况，评估企业的偿债能力和经营风险。

二、现金流量表的基本结构

现金流量可按照经营活动、投资活动和筹资活动来分类，因此现金流量表也主要由这三个部分构成。这三个部分在考虑汇率变动对现金及现金等价物的影响后，得到现金及现金等价物净增加额。现金流量表基本结构如图 2-4 所示。

现金流量表
一、经营活动产生的现金流量
二、投资活动产生的现金流量
三、筹资活动产生的现金流量
四、汇率变动对现金及现金等价物的影响
五、现金及现金等价物净增加额

图 2-4　现金流量表基本结构

这三个部分又可以分别分为表示现金流入与流出的各具体项目，这些项目从不同角度反映企业业务活动的现金流入与流出，填补了资产负债表和利润表提供信息的空白，这样反映的会计信息较为明确，使用起来也更方便。

现金流量表的具体结构的介绍从略。案例企业的合并现金流量表参见附录 3。

第 **3** 章

财报分析：水平分析法和垂直分析法

财报分析依赖于那些能够提高会计信息使用价值的数据的关系和比较。例如，一家企业去年的净利润是 10 万元，但这一信息本身提供的价值比较有限。如果为其添加一些其他信息，比如前一年净利润是 2.5 万元，以及产品的销售数量、企业的资产，那么第一个信息就更有价值了。

在了解了财报的基本结构和具体结构后，可以利用水平分析法将具体项目的本期数据与以前的数据进行对比，了解各项目的增减变动情况及趋势；可以利用垂直分析法计算部分与总体之间的比例，对具体项目的结构情况进行分析，分析项目结构是否合理。

水平分析法和垂直分析法统称为比较分析法，是对具体项目根据其变动情况和结构情况做出重要性的判断，对于以后的财务报表数据处理和分析起到重要的辅助作用。

第一节　水平分析法

一、水平分析法的作用

水平分析法通常采用比较分析法的方式，即将当前期间的财务报表数值与同一项目以往的数值进行比较，计算出变化百分比，以研究企业经营业绩或财务状况的发展变化情况。比较的时候，既可以采用绝对数比较，也可以采用相对数进行比较。通常情况下，在披露当前财报项目变化时，增长率比增长额绝对量的增减变化更能说明问题。采用相对数比较，即计算增长率，可以消除企业规模对增长数据的影响。

水平分析就是对某一企业在不同时间点的财务报表数据进行比较和分析，以了解变化情况和发展趋势。在实务中，其通常有以下作用。

一是通过比较企业在不同时间点的财务报表数据，了解企业的财务状况和经营业绩的变化趋势、变动原因，找出其优势和劣势，发现潜在的风险和机会。

二是帮助企业确定业务或财务管理方面的瓶颈，帮助企业及时调整经营策略，以适应市场和行业的变化。

二、水平分析法的应用

计算增长率一般有两种形式：一种是定比，即以某一时期财务报表项目的数额为基数，其他各期的数额均与该期的基数数额进行比较；另一种是环比，即每次以当期财务报表项目的数额与前期的数额进行比较。通常，先分析合计项目的数据变化，然后关注变动幅度大的具体项目，通过对重点项目进行有针对性的分析，剖析变化的原因。本章以 A 企业为例，运用水平分析法进行分析。

（一）资产负债表的水平分析

首先，根据 2020 年 A 企业的简易资产负债表数据，计算出与 2019 年相比的增长率，见表 3-1：

表 3-1　A 企业 2020 年简易资产负债表增长率数据

单位：元

指标	2020 年	2019 年	增长率
资产总计	6,162,353,381.76	4,332,090,968.40	42.25%
流动资产合计	4,972,725,945.52	3,166,116,626.81	57.06%

（续表）

指标	2020 年	2019 年	增长率
货币资金	1,965,206,872.47	1,088,166,629.77	80.60%
交易性金融资产	62,313,700.00	4,499,900.00	1284.78%
应收账款	1,288,373,611.95	927,428,592.62	38.92%
应收款项融资	60,462,410.49	28,554,760.66	111.74%
预付款项	99,906,142.74	50,315,061.40	98.56%
存货	1,284,730,163.32	999,588,712.90	28.53%
其他流动资产	155,478,136.47	40,192,622.97	286.83%
非流动资产合计	1,189,627,436.24	1,165,974,341.59	2.03%
长期股权投资	171,046,911.80	174,518,625.15	−1.99%
其他非流动金融资产	81,665,669.30	48,881,873.07	67.07%
固定资产	761,802,856.46	774,512,614.38	−1.64%
无形资产	87,284,158.86	89,285,826.52	−2.24%
递延所得税资产	75,349,088.42	64,972,935.66	15.97%
负债合计	3,049,389,078.40	1,846,707,608.63	65.13%
流动负债合计	3,038,632,338.41	1,832,401,933.39	65.83%
短期借款	108,981,024.50	195,419,818.26	−44.23%
应付票据	199,626,273.15	131,760,401.59	51.51%
应付账款	1,826,405,447.50	1,069,089,176.40	70.84%
应付职工薪酬	120,081,055.85	66,595,803.95	80.31%
应交税费	168,941,919.19	36,311,299.36	365.26%
其他应付款	335,774,205.71	218,012,027.25	54.02%
非流动负债合计	10,756,739.99	14,305,675.24	−24.81%
股东权益合计	3,112,964,303.36	2,485,383,359.77	25.25%

2020 年 A 企业总资产比上一年增长率达到 42.25%，主要是因为流动资产的增长率达到 57.06%。重点关注 A 企业 2020 年流动资产中各项目的年增长情况，分析增长率位列前四的交易性金融资产、其他流动资产、应收款项融资、预付款项。

交易性金融资产一般是企业可以用于交易目的的金融资产，并且可通过买卖进行短期获利。当企业的货币资金满足交易性动机需求、预防性动机需求、投机性动机需求后还有富余的资金时，才会考虑短期金融资产投资，而表 3-1 中的数据说明 A 企业的资金较为充足，增加了可以随时变现的理财产品投资，主要是银行结构性存款（见表 3-2）。

表 3-2　A 企业 2020 年年报交易性金融资产项目注释

单位：元

项目	期末余额	期初余额
衍生金融资产	2,313,700.00	4,499,900.00
其他	60,000,000.00	
其中：银行结构性存款	40,000,000.00	
3 个月以上定期存款	20,000,000.00	
合计	62,313,700.00	4,499,900.0

而其他流动资产一般是企业持有的理财以及税费相关资产。A 企业的其他流动资产增长主要系期末待抵扣增值税增加所致（见表 3-3）。

表 3-3　A 企业 2020 年年报其他流动资产项目注释

单位：元

项目	期末余额	期初余额
合同取得成本		
应收退货成本	35,549,159.28	
待抵扣的增值税	119,928,977.19	24,307,132.62
预缴所得税		15,885,490.35
合计	155,478,136.47	40,192,622.97

A 企业的"重要会计政策及会计估计"中披露：当本企业收取银行承兑汇票且背书或贴现的交易频繁发生，或资产负债表日后存在背书或贴现的，表明管理该应收票据的业务模式可能是既以收取合同现金流量为目标，又以出售该金融资产为目标，在"应收款项融资"项目列报。因此，应收款项融资项目数据增长主要是期末应收银行承兑汇票金额增加所致。

2020 年预付款项增长幅度接近 100%，主要为商品购销中的往来款项，考虑 A 企业的行业特点，预付账款呈现增长的原因是给供货商增加了预付的款项，主要系期末预付材料款及平台广告费预充值增加所致，表明该企业对于供应商的议价能力不强。

在非流动资产中，其他非流动金融资产项目增长最多，而其他非流动金融资产项目是 A 企业分类为以公允价值计量且其变动计入当期损益的金融资产——权益工具投资，A 企业该项目期末余额较年初增加主要因为：A 企业之子公司向三家科技有限公司新增投资及其按公允价值估计的投资金额增加，主要系权益性投资增加所致。

在整体的资金来源中，2020 年 A 企业总负债比上一年增长 65.13%，主要是因为流动资产的增长达 65.83%，而非流动负债的减少幅度和所有者权益的增加幅度大体平衡。查阅 A 企业 2020 年流动资产中各项目的年增长情况，企业流动负债项目增长较多的项目主要集中在应交税费、应付职工薪酬、应付账款方面。应付职工薪酬是指应付但尚未支付给职工的各项薪酬；应交税费指的是企业应交但未交的税款；应付账款项目的附注见表 3-4，可以判断这三个项目的数据增长大致都是由于企业业务扩张所导致的。

表 3-4　A 企业 2020 年应付账款注释

单位：元

项目	期末余额	期初余额
材料款	1,680,529,157.63	1,009,457,939.15
运输费	91,621,216.50	
应付长期资产购置款	42,641,291.72	53,707,121.53
其他	11,613,781.65	5,924,115.72
合计	1,826,405,447.50	1,069,089,176.40

（二）利润表的水平分析

继续通过 A 企业 2020 年简易利润表各项目的数据计算增长率，见表 3-5。

表 3-5　A 企业 2020 年简易利润表增长率数据

单位：元

指标	2020 年	2019 年	增长率
一、营业总收入	7,233,756,498.64	5,312,194,274.60	36.17%
二、营业总成本	6,521,071,876.81	5,157,499,964.50	26.44%

（续表）

指标	2020 年	2019 年	增长率
其中：营业成本	4,133,642,745.25	3,278,045,801.11	26.10%
税金及附加	54,001,873.69	36,895,129.52	46.37%
销售费用	1,560,704,816.81	1,231,776,009.92	26.70%
管理费用	371,244,325.38	328,849,972.33	12.89%
研发费用	338,019,839.75	277,334,497.36	21.88%
财务费用	63,458,275.93	4,598,554.26	1279.96%
加：其他收益	66,441,417.80	17,813,884.64	272.98%
投资收益	45,299,728.09	−1,974,130.83	2394.67%[①]
公允价值变动收益	7,332,096.23	2,770,544.35	164.64%
信用减值损失	−13,575,593.72	−577,350.26	2251.36%
资产减值损失	−92,874,350.23	−31,422,145.92	195.57%
三、营业利润	727,526,451.15	140,966,657.49	416.10%
加：营业外收入	5,172,858.77	6,638,819.06	−22.08%
减：营业外支出	1,104,779.51	3,178,068.62	−65.24%
四、利润总额	731,594,530.41	144,427,407.93	406.55%
减：所得税费用	87,609,735.12	23,165,276.38	278.19%
五、净利润	643,984,795.29	121,262,131.55	431.07%

① 由于投资收益2019年为负数，分母取绝对值计算增长率，故投资收益增长率＝（2020年投资收益 −2019年投资收益）/2019年投资收益的绝对值。

　　先看合计项目：A 企业 2020 年的营业总收入规模比去年提高了 36.17%，但是营业总成本的增长率为 26.44%，这对于主营业务和其他业务而言，说明企业营业活动的成本管控比较好，产品具有一定的竞争力，因而 A 企业营业利润增长率达到了 416.10%。营业总成本包括营业成本、税金及附加、销售费用、管理费用、研发费用和财务费用，营业总成本增加的主要的原因是财务费用增长率达到 1279.96%。财务费用通常包括企业生产经营期间发生的利息支出（减利息收入）、汇兑净损失（有的企业如商品流通企业、保险企业进行单独核算，不包括在财务费用内）、金融机构手续费，以及筹资发生的其他财务费用，如债券印刷费、国外借款担保费，财务费用增加的主要原因是本期汇兑损失增加所致（见表 3-6）。

表 3-6　A 企业 2020 年年报财务费用具体项目

单位：元

项目	期末余额	期初余额
利息支出（减利息收入）	−2,939,359.93	−2,933,175.10
汇兑净损失	61,721,578.78	−14,210,219.67
手续费支出	4,627,779.73	2,726,242.08
其他支出	48,277.35	19,015,706.95
合计	63,458,275.93	4,598,554.26

　　营业利润的变化情况需要重点关注，与非日常活动产生的营业外收入和支出相比，营业利润具有持续性和可预测性。除了营业总成本，在影响营业利润的因素中，投资收益和信用减值损失这两个项目的变动幅度都超

过了 20 倍。其中投资收益是计算营业利润的加项，意味着 A 企业处置长期股权投资和交易性金融资产等业务产生较好的收益（见表 3-7，此表和表 5-13 相同）。

表 3-7　A 企业 2020 年年报投资收益注释

单位：元

项目	期末余额	期初余额
权益法核算的长期股权投资收益	−7,215,477.53	−1,851,330.83
处置长期股权投资产生的投资收益	46,107,739.18	
处置交易性金融资产取得的投资收益	6,407,466.44	−122,800.00
合计	45,299,728.09	1,974,130.83

需要注意的是，处置长期股权投资和交易性金融资产形成的投资收益是非经常性损益[①]项目，如果关注 A 企业的主营业务，应该剔除这两项投资收益的影响。而权益法核算的长期股权投资的投资收益是持有该投资期间的股利收益，不是非经常性损益。

此外，企业发展与扩张战略会影响利润的获取时间，如企业在刚进入新市场和新领域时，很可能发生大量固定资产购置费用或大量研发费用，往往会导致本期利润有所下降，表现为新市场的利润获取时间会滞后。因此，进行财报的项目分析时需要结合企业的发展周期和发展战略。

---

① 根据中国证券监督管理委员会公告〔2008〕43 号《公开发行证券的公司信息披露解释性公告第 1 号——非经常性损益》中的定义。

第二节　垂直分析法

一、垂直分析法的作用

垂直分析法通常用某一项目的数值与另一项目的数值进行比较，计算出其比例关系，以了解企业不同经营活动之间的比重、比例和关系，因此，垂直分析法也称结构百分比法、共同比分析法。

从一般意义上来讲，垂直分析法计算的结构百分比是分析某一经济现象在总体中所占的比重，认识局部与总体的关系。在实务中，垂直分析法通常有以下两点作用。

一是揭示总量分析中的重要和特殊事项。通过计算不同报表项目在总体的相对比重，有利于评价各个账户变化的重要程度，那么也能判断出哪些是重要程度高或对总体影响大的项目。

二是相互联系地评价各会计报表项目。垂直分析法不是单独地揭示某一会计报表项目的情况，而是基于经营和财务活动各方面的依存关系来说明某项或会计报表的各项目，或整个经营和财务活动的状况。

二、垂直分析法的应用

垂直分析法一般先计算相关会计报表中各项目占总额的百分比。财务报表本身也反映报表项目之间的钩稽关系，如资产负债表中，各资产项目的金额之和等于资产总额，利润表中从广义收入中扣减广义费用得到利润，因此，对于资产负债表而言，项目总额指的是资产总额，对于利润表而言，项目总额一般是营业总收入金额。然后通过计算出各项目的比重，分析各项目在企业经营中的重要性。一般来说，项目所占比重越大，说明其重要程度越高，对总体的影响越大。

（一）资产负债表的垂直分析

首先根据 A 企业 2020 年的简易资产负债表中的数据计算结构百分比，见表 3-8。

表 3-8　A 企业 2020 年简易资产负债表百分比数据

指标	2020 年	2019 年
资产总计	100.00%	100.00%
流动资产合计	80.70%	73.09%
货币资金	31.89%	25.12%
交易性金融资产	1.01%	0.10%
应收账款	20.91%	21.41%
应收款项融资	0.98%	0.66%
预付款项	1.62%	1.16%
存货	20.85%	23.07%
其他流动资产	2.52%	0.93%
非流动资产合计	19.30%	26.91%
长期股权投资	2.78%	4.03%
其他非流动金融资产	1.33%	1.13%
固定资产	12.36%	17.88%
无形资产	1.42%	2.06%

（续表）

指标	2020 年	2019 年
递延所得税资产	1.22%	1.50%
负债合计	49.48%	42.63%
流动负债合计	49.31%	42.30%
短期借款	1.77%	4.51%
应付票据	3.24%	3.04%
应付账款	29.64%	24.68%
应付职工薪酬	1.95%	1.54%
应交税费	2.74%	0.84%
其他应付款	5.45%	5.03%
非流动负债合计	0.17%	0.33%
股东权益合计	50.52%	57.37%

　　对 A 企业的资产负债表进行垂直分析，可揭示各个账户对于总资产或者总权益的重要程度。可以看出：2020 年和 2019 年，A 企业的总资产中流动资产占比均超过 70%，流动性较高。流动资产中货币资金、应收款项和存货的占比均超过 20%，表明 A 企业的资产模式较轻。

　　首先分析货币资金的情况，包括现金、银行存款、其他货币资金，具体结构见表 3-9。其他货币资金往往规定了特定的用途，企业无法随意支配，2020 年 A 企业的货币资金中不受限制的货币资金（库存现金和银行存款）占比较 2019 年改善很多。

表 3-9　A 企业 2020 年年报货币资金结构情况

项目	期末余额所占比例（％）	期初余额所占比例（％）
库存现金	0	0.01
银行存款	90.49	62.80
其他货币资金	9.51	37.19
合计	100.00	100.00

　　应收账款是企业应当收回但暂未收回的款项，如果企业销售货物的报酬全部为应收账款，那么在未来的发展中企业会因缺乏周转资金而影响业务的拓展。因此，应收账款是企业运营管理中较为重要的一环。表 3-10 为 A 企业 2020 年应收账款的账龄及计提坏账情况。

表 3-10　A 企业 2020 年应收账款的账龄及计提坏账情况

账龄	应收账款期末余额（元）	所占比例（％）	计提坏账比例（％）
0~6 个月	1,242,541,452.01	95.09	1.00
7~12 个月	33,947,440.82	2.60	5.00
1 至 2 年	27,678,289.51	2.12	10.00
2 至 3 年	1,567,207.33	0.12	30.00
3 年以上	979,407.50	0.07	100.00
合计	1,306,713,797.17	100.00	1.40

　　从表 3-10 可以看出，应收账款期末余额中，6 个月以内的应收账款占总额的 95.09%，按 1% 计提坏账，7~12 个月以内的应收账款占总额的 2.60%，按 5% 计提坏账，这说明 A 企业的应收账款基本在 1 年以内都能及时收回，发生坏账的可能性比较小，整体周转性较好。

再分析存货项目，见表 3-11。A 企业存货主要包括原材料、在产品、库存商品、周转材料等。在存货中，库存商品是企业在正常经营过程中存储以备出售的货物，2020 年和 2019 年保持在 70% 左右。存货也是对资金的一种占用，因此许多大企业都尝试改进存货的管理以减少对资金的占用。

表 3-11　A 企业 2020 年存货情况

项目	期末		期初	
	账面价值（元）	所占比例	账面价值（元）	所占比例
原材料	297,697,580.22	23.17%	167,716,096.37	16.78%
在产品	21,090,213.70	1.64%	14,501,315.51	1.45%
库存商品	883,130,616.66	68.74%	723,320,553.03	72.36%
周转材料	5,276,445.58	0.41%	4,181,285.86	0.42%
发出商品	77,535,307.16	6.04%	89,869,462.13	8.99%
合计	1,284,730,163.32	100.00%	999,588,712.90	100.00%

同时，垂直分析表明，A 企业总债务融资由 2019 年占总额（负债和股东权益）的 18.73% 下降到 2020 年的 18.28%，A 企业的负债率一直不高，负债中流动负债占比远大于非流动负债占比，流动负债中大部分是无息负债（应付账款和合同负债），财务很稳健，总体的融资风险可控。

（二）利润表的垂直分析

继续通过 A 企业 2020 年和 2019 年利润表中项目的数据计算结构百分比，见表 3-12。

表 3-12　A企业 2020 年和 2019 年年利润表结构百分比数据

指标	2020 年	2019 年
一、营业总收入	100.00%	100.00%
二、营业总成本	90.15%	97.09%
其中：营业成本	57.14%	61.71%
税金及附加	0.75%	0.69%
销售费用	21.58%	23.19%
管理费用	5.13%	6.19%
研发费用	4.67%	5.22%
财务费用	0.88%	0.09%
加：其他收益	0.92%	0.34%
投资收益	0.63%	−0.04%
公允价值变动收益	0.10%	0.05%
信用减值损失	−0.19%	−0.01%
资产减值损失	−1.28%	−0.59%
三、营业利润	10.06%	2.65%
加：营业外收入	0.07%	0.12%
减：营业外支出	0.02%	0.06%
四、利润总额	10.11%	2.72%
减：所得税费用	1.21%	0.44%
五、净利润	8.90%	2.28%

　　垂直分析表明，将 2020 年和 2019 年的营业总收入视为 100%，营业成本金额占到 60% 左右，可以推算出企业毛利率在 40% 左右，较为稳定。对案例企业的营业收入与营业成本进行简要的构成分析，A 企业 2020 年财报项目注释中列出的营业收入和营业成本情况见表 3-13。

表 3-13 A 企业 2020 年营业收入和营业成本情况

项目	本期发生额		上期发生额	
	收入	成本	收入	成本
主营业务	97.55%	96.48%	97.77%	96.86%
其他业务	2.45%	3.52%	2.23%	3.14%
合计	100.00%	100.00%	100.00%	100.00%

从表 3-13 可以看出，主营业务具有明显的优势，一个原因是主营业务的收入和成本占合计的份额均超过 95%，另一个原因是主营业务的收入占比超过成本占比，说明 A 企业的业务结构中主营业务具有绝对优势和相对优势，A 企业主营业务收入是整体收入的支柱，在整体经营上主要依靠自身主体业务盈利创收。

营业成本是利润表中非常重要的项目，挖掘其构成对判断企业当下的利润情况以及未来的利润增长具有重要的参考意义。对 A 企业进行简要的营业成本构成分析，见表 3-14。2020 年 A 企业的营业成本构成中直接材料占比超过 80%，和 2019 年相比，减少了外购成品的比例，增加了直接材料的比例。说明 A 企业 2020 年缩减了代工业务，进一步强化了自产自销模式。

表 3-14 A 企业 2020 年营业成本构成情况

成本构成项目	本期		上期	
	金额（元）	占总成本比例（%）	金额（元）	占总成本比例（%）
直接材料	3,490,636,268.47	84.45	2,701,663,124.65	82.42
外购成品	35,063,364.53	0.85	238,086,082.99	7.26

（续表）

成本构成项目	本期		上期	
	金额（元）	占总成本比例（%）	金额（元）	占总成本比例（%）
制造费用	219,222,046.51	5.30	194,219,015.35	5.92
直接人工	202,281,965.45	4.89	144,077,578.12	4.40
运输费用①	186,439,100.29	4.51		
合计	4,133,642,745.25	100.00	3,278,045,801.11	100.00

　　除营业成本外，营业总成本中销售费用占比位居第二，"销售费用"项目反映企业在产品销售的整个过程中，为了销售产品而发生的相关费用，包括住宿费、装卸费、包装费、保险费、展览费和广告费等。2020年A企业财报中列示的销售费用情况如表3-15所示。

表3-15　A企业2020年销售费用情况

项目	本期发生额所占比例（%）	上期发生额所占比例（%）
市场营销推广及广告费	53.59	47.78
职工薪酬	18.45	20.21
平台服务费	15.18	8.39
修理费	6.14	5.41
租赁及仓储费	2.00	2.50

---

① 根据《企业会计准则第14号——收入》的有关规定，自2020年起，运输费由在销售费用核算改为在营业成本科目核算。

（续表）

项目	本期发生额所占比例（%）	上期发生额所占比例（%）
差旅费	0.38	1.04
股份支付	0.12	0
运输费	0	11.25
其他	4.15	3.42
合计	100.00	100.00

　　从表 3-15 所示 A 企业销售费用占比较大的前三项，可看出 A 企业比较重视产品的宣传推广以及销售人员的配备，且近年来随着网上购物的逐渐普及与发展，网络销售发挥着更加重要的作用，因此，A 企业的平台服务费这项支出也相对较大。

　　由于案例企业的主营业务有一定的科技含量，因此在对其进行分析时需要关注研发费用。2020 年 A 企业财报中列示的研发费用情况如表 3-16 所示。

表 3-16　A 企业 2020 年研发费用情况

项目	本期发生额所占比例	上期发生额所占比例
职工薪酬	70.73%	70.76%
研发材料及测试费	13.14%	15.29%
专利费及认证费	6.11%	4.84%
装备调试与试验费	3.21%	2.76%
折旧及摊销	2.27%	2.05%

（续表）

项目	本期发生额所占比例	上期发生额所占比例
股份支付	1.12%	
其他	3.42%（含尾差调整）	4.30%
合计	100.00%	100.00%

从表 3-16 可以看出，A 企业 2020 年职工薪酬在研发费用中占比最大，可以看出 A 企业重视高科技人才的引进，说明企业实行人才战略。在表 3-16 中，研发材料及测试费、专利费及认证费的占比分别位居第二、第三，这也较为符合该企业的主营业务的特点，更多的资金和技术被投入到产品研发当中，进而形成研产销一体化发展模式。

营业利润之后的项目所占比例都很低，分析从略。

第三节　水平和垂直综合分析

一、综合分析

进行财务报表分析时，应根据不同的财务报表分析目标和分析范围，选择相应的分析方法或者综合运用几种分析方法。本节以 A 企业为例，在垂直分析法的基础上，综合水平分析法，着重分析资产结构的变化（见表 3-17）。

表 3-17　A企业简易资产负债表百分比及变化数据

指标	2020 年	2019 年	两年占比变化	对总资产的拉动作用①
资产总计	100.00%	100.00%		42.25%
流动资产合计	80.70%	73.09%	7.61%	41.70%
货币资金	31.89%	25.12%	6.77%	20.25%
交易性金融资产	1.01%	0.10%	0.91%	1.33%
应收账款	20.91%	21.41%	−0.50%	8.33%
应收款项融资	0.98%	0.66%	0.32%	0.74%
预付款项	1.62%	1.16%	0.46%	1.14%
存货	20.85%	23.07%	−2.23%	6.58%
其他流动资产	2.52%	0.93%	1.60%	2.66%
非流动资产合计	19.30%	26.91%	−7.61%	0.55%
长期股权投资	2.78%	4.03%	−1.25%	−0.08%
其他非流动金融资产	1.33%	1.13%	0.20%	0.76%
固定资产	12.36%	17.88%	−5.52%	−0.29%
无形资产	1.42%	2.06%	−0.64%	−0.05%
递延所得税资产	1.22%	1.50%	−0.28%	0.24%
负债合计	49.48%	42.63%	6.86%	27.76%

① 注：各项目对总资产的拉动作用 =（2020 年数额 −2019 年数额）/2019 年总资产，即总资产的增加或者减少会受单个项目变动额的影响，某项目变动额在基期总资产中占比越大，表明影响越大。

（续表）

指标	2020 年	2019 年	两年占比变化	对总资产的拉动作用
短期借款	1.77%	4.51%	−2.74%	−2.00%
应付票据	3.24%	3.04%	0.20%	1.57%
应付账款	29.64%	24.68%	4.96%	17.48%
应付职工薪酬	1.95%	1.54%	0.41%	1.23%
应交税费	2.74%	0.84%	1.90%	3.06%
其他应付款	5.45%	5.03%	0.42%	2.72%
流动负债	0.17%	0.33%	−0.16%	−0.08%
股东权益合计	50.52%	57.37%	−6.86%	14.49%

可以看出：2020 年总资产中的各项占比，同 2019 年相比，货币资金占比提高了 6.77%，增加额对总资产的拉动作用超过 20%；应收账款占比降低了 0.5%，但是增加额对总资产的拉动作用达到 8.33%。这是 2020 年资产增加的两个根本原因。货币资金和应收账款的明细分析见表 3-9 和表 3-10。

2020 年资金来源中的各项占比，同 2019 年相比，应付账款项占比增加了 4.96%，对总资产的拉动作用达到 17.48%。应付账款的明细分析见表 3-4。

企业发展的过程，是一个资本资产化、资产扩大化的过程，增加投入的类别代表了企业主要的发展方向。综合来看，A 企业在研发和制造方面持续增加投入，采用的是研产销一体化发展模式。

二、局限性

现有学者强调水平分析法和垂直分析法适用于资产负债表和利润表分析。通过 A 企业的案例分析我们可以知道，水平分析法的解读侧重于不同时期项目可减性的经济意义，垂直分析法的解读侧重于同一时期不同项目可加性的经济意义（分项累加得到总额的逻辑关系）。作为结构百分比分母的项目总额选择，现金流量表和所有者权益变动表不如总资产和营业总收入那么易于解读；而且现金流量表和所有者权益变动表项目已是"变动额"，用两个"变动额"的差额计算差额，进行分析意义也不大。也有学者通过计算流出结构和流入结构进行分析，但是无法与资产负债表和利润表分析构建很好的整体逻辑体系。因此本章的水平分析法和垂直分析法只针对资产负债表和利润表，其他报表从略。

第 4 章

财报分析：财务比率分析法

水平分析法主要用于比较财报项目不同年份的同比变化，垂直分析法主要用于比较报表内项目的相对占比，水平分析法和垂直分析法关注的是会计数据，而本章所讲的财务比率分析法的视角是将若干个财务报表数据联系在一起，形成财务指标，避免了孤立看问题的缺陷。此外，财务比率分析法不仅局限于对某一张报表的内部分析，还是一种"跨表"的分析视角，将资产负债表、利润表、现金流量表有机地联系起来，可以较为综合地反映企业的生产经营状况。

第一节 传统财务比率分析法

一、什么是财务比率分析法

企业财务报表中的一些项目之间存在逻辑关系。这些项目可能出现在两个或者同一个报表中。所谓财务比率分析法，也叫财务指标分析法，是把同期财务报表中的一个或多个项目与其他存在关联的项目进行对比，得出一系列具有一定意义的财务比率，从而揭示财务报表中有关项目之间所存在的逻辑关系，通常以百分比或倍数形式表示。

与水平分析法和垂直分析法这两种比较分析法相比，财务比率分析法具有实用性强、系统性好等独特的优势。

二、财务比率分析指标

传统财务比率分析理论认为：企业的财务状况和业绩主要取决于盈利能力、营运能力和偿债能力。下面将介绍常见的财务比率分析指标。

在计算指标数值的过程中，如果分子和分母一个是时期数据、一个是时点数据，直接计算的话，会导致指标数值的经济含义不明确，因此在计算财务比率时，需要对时点数据进行相应的调整，以时期数期初到期末的平均值代入计算。

（一）盈利能力分析指标

从长远看，企业的价值取决于其成长性和盈利能力。盈利能力指标考察的是企业在一定资源投入条件下赚取利润的水平，该类指标的数值越大，说明企业的盈利能力越强。而衡量投入的角度不同，会形成不同的财务比率指标。

商品经营角度的盈利能力分析指标：这类指标不仅反映了企业生产经营的成果，也反映了企业收入或成本的利用情况。以收入为比较基础的盈利能力指标主要有：营业毛利率和营业净利润率（也称净利润率）。

资本和资产经营角度的盈利能力分析指标：用于衡量资金的使用效率，能够反映企业通过资金投入获取收益的能力。与总资产投入获利能力相关的是总资产利润率；与净资产投入获利能力相关的是净资产利润率。考虑分子和分母在范围方面的对应性，总资产利润率的分母是全部资产，那么分子对应的获利范围应该包括投资人的利润和债权人的利息，一般称为总资产报酬率；净资产利润率的分母是净资产，那么分子对应的获利范围仅包括投资人的净利润，因此一般称为净资产收益率。常用的分析盈利能力的财务比率指标见表 4-1。

表 4-1　常用的分析盈利能力的财务比率指标

指标名称	计算公式	说明
营业毛利率	$\dfrac{营业收入 - 营业成本}{营业收入}$ $\times 100\%$	营业收入 - 营业成本 = 毛利额
营业净利润率	$\dfrac{净利润}{营业收入} \times 100\%$	
总资产报酬率	$\dfrac{利润总额 + 利息费用}{平均总资产}$ $\times 100\%$	利润总额 + 利息费用 = 息税前利润 平均总资产 = $\dfrac{期初总资产 + 期末总资产}{2}$
净资产收益率	$\dfrac{净利润}{平均净资产} \times 100\%$	平均净资产 = $\dfrac{期初所有者权益 + 期末所有者权益}{2}$

　　需要注意的是，盈利能力指标同时也能反映和说明企业的偿债能力和营运能力。企业盈利能力强，说明企业资金运用效果好，资产利用充分，并且对企业偿债是有力的保障；反之，企业盈利能力差，说明企业运营出现了问题，不仅收益减少，偿债能力也随之降低，尤其是对于偿还长期债务来讲存在一定的风险。

（二）营运能力分析指标

　　企业将大量资金投资于各类资产，那么加快资产的周转对提高总体盈利能力至关重要。营运能力分析指标可表明企业资产的运作能力和管理水平，一般分母是占用的资产规模，分子是该资产形成的周转额（通常为营业收入或者营业成本）。

　　常用的指标有：存货周转率用于权衡企业生产经营过程中存货的营运

效率；应收账款周转率用以表明企业赊销收入的收账速度和效率；资产周转率反映企业利用资产实现营业收入的效率。在一定意义上，如果企业营运能力分析指标数值较大，则反映了企业对资产的管理较为高效，因此，加快资产的周转速度是提高企业收益水平的重要因素。常用的营运能力财务比率指标见表 4-2。

表 4-2　常用的营运能力财务比率指标

指标名称	计算公式	说明
存货周转率	$\dfrac{营业成本}{存货平均余额}$	$存货平均余额=\dfrac{期初存货+期末存货}{2}$
应收账款周转率	$\dfrac{赊销收入净额}{应收账款平均余额}$	一般用营业收入替代赊销收入净额
资产周转率	$\dfrac{营业收入}{平均总资产}$	

资产周转率较高，则说明企业对资产的利用率很高，并且能在一定程度上增加企业的现金流量，从而增强企业的偿债能力。但是，企业资产如果周转过快，也可能表明企业投入资金不够，造成市场缺失，损失相应的经济利益，降低了企业的盈利能力。

（三）偿债能力分析指标

当企业营运能力较强时，盈利会增加，当资金利润率大于借款利息率时，负债可以给企业带来更多的财务杠杆利益，并且可在一定程度上降低企业的资金成本。

揭示企业偿还到期的短期债务与长期债务（包括本息）的能力为偿债能力指标。该类指标数值越大，说明企业偿债能力越强。但数值较大的偿债能力指标从另一方面反映出企业债务资金相对较少，未实现企业利益最大化。

常用的偿债能力财务比率指标有：体现短期偿债能力的流动比率、速动比率和现金比率；体现长期偿债能力指标的资产负债率和利息保障倍数。具体内容见表4-3。

表 4-3　常用的偿债能力财务比率指标

指标名称	计算公式	说明
流动比率	$\dfrac{流动资产}{流动负债}$	
速动比率	$\dfrac{速动资产}{流动负债}$	速动资产 = 流动资产 − 存货 或： 速动资产 = 货币资金 + 交易性金融资产 + 应收款项
现金比率	$\dfrac{现金 + 现金等价物}{资产总额}$	
资产负债率	$\dfrac{负债总额}{资产总额} \times 100\%$	产权比率 = $\dfrac{负债总额}{股东权益总额}$ 权益乘数 = $\dfrac{资产总额}{股东权益总额}$ 资产负债率 × 权益乘数 = 产权比率
利息保障倍数	$\dfrac{利润总额 + 利息费用}{利息费用}$	利润总额 + 利息费用 = 息税前利润

在分析企业偿债能力指标时要结合企业的营运能力和盈利能力，它们之间是相互关联和影响的。如果企业的营运能力及盈利能力较强，偿债能力指标的数值即使稍微偏低，企业依然可以有较强的长期还款能力，债权人的利益有足够的保障；反之，如果企业资金运营出现了问题而导致企业盈利能力下降，即便呈现出较高的偿债能力指标数值，也不一定能保证债

权人的利益。

综上所述，反映企业各项财务能力的指标间存在千丝万缕的联系，在对企业进行财务分析时需要综合考虑才能得出正确的结论，从而做出正确的管理决策。

第二节　杜邦财务比率模型

一、什么是杜邦财务比率模型

运用财务比率分析法时，通常将相关联的各种比率有机地联系在一起，进行综合分析。一般而言，在所有财务比率中，净资产收益率是综合性最强、最核心的指标。杜邦财务比率模型（又叫杜邦分析法，最早由美国杜邦公司使用）将企业的净资产收益率作为综合分析企业业绩的起点，其基本思想是将净资产收益率逐级分解为多项财务比率乘积：先将净资产收益率分解为资产净利润率和权益乘数两个因素的乘积，再将资产净利润率进一步分解为营业净利润率和资产周转率两个因素的乘积，以净资产收益率的分解为主线，将企业一定时期的商品经营盈利能力效率（以营业净利润率作为衡量标准）、营运能力（以总资产周转率作为衡量标准）以及偿债能力（以权益乘数作为衡量标准）全面联系在一起，层层分解，逐步深入，构成一个完整的财务分析体系。

通过杜邦财务比率模型分析，可以了解企业财务状况的全貌以及各项财务分析指标之间的结构关系，查明各项财务指标增减变动的影响因素及其存在的问题，可进行科学的预测和决策，为改善企业经营管理提供十分有价值的信息。

二、杜邦财务比率模型的应用

为了考察营业净利润率、资产周转率和权益乘数这三个相关因素对净资产收益率的影响程度，可以借助因素分析法进行分析。因素分析法既可以用于全面分析若干因素对某一经济指标的共同影响，又可以用于单独分析其中某个因素对某一经济指标的影响。

（1）第一层分解思路

净资产收益率 = 总资产收益率 × 权益乘数

= 营业净利润率 × 总资产周转率 × 权益乘数

在这一层面进行分析时一般采用连环替代法进行分析，即在考察每一个因素变动产生的影响时，要在前一次计算的基础上进行，采用连环比较的方法考察因素变化对结果的影响。

（2）向下一层继续分解

将营业净利润率、总资产周转率和权益乘数的分子和分母作为驱动因素进行再次分解和分析，这需要按照第三章的方法分析资产负债表和利润表的相关项目。

继续以 A 企业为例，用连环替代法进行第一层因素分解和分析。首先根据财报计算 2020 年和 2019 年杜邦财务比率模型的相关指标，见表4-4。需要说明的是，为了保证杜邦财务比率模型中分解的财务比率乘积和净资产收益率保持等式关系，本书对时点数据均采用期末水平计算，不采用均值计算。

表 4-4　杜邦财务比率模型相关指标和财务数据

单位：元

指标名称	计算公式	2020 年	2019 年	差额
净利润		643,984,795.29	121,262,131.55	

（续表）

指标名称	计算公式	2020 年	2019 年	差额
净资产		3,112,964,303.36	2,485,383,359.77	
净资产收益率	$\dfrac{净利润}{股东权益} \times 100\%$	20.69%	4.88%	15.81%
营业收入		7,233,756,498.64	5,312,194,274.60	
营业净利润率	$\dfrac{净利润}{营业收入} \times 100\%$	8.90%	2.28%	6.62%
总资产		6,162,353,381.76	4,332,090,968.40	
总资产周转率	$\dfrac{营业收入}{总资产}$	1.17	1.23	−0.06
权益乘数	$\dfrac{总资产}{股东权益}$	1.98	1.74	0.24

　　2020 年的净资产收益率比 2019 年提高了 15.81%，运用因素分析法的连环替代法进行计算，过程见表 4-5。

表 4-5　连环替代法分析表

指标名称	结果	计算过程
2019 年净资产收益率	4.88%	=2.28% × 1.23 × 1.74
营业净利润率变动的影响	14.17%	=8.90% × 1.23 × 1.74−2.28% × 1.23 × 1.74
总资产周转率的影响	−0.93%	=8.90% × 1.17 × 1.74−8.90% × 1.23 × 1.74
权益乘数的影响	2.50%	=8.90% × 1.17 × 1.98−8.90% × 1.17 × 1.74
2020 年净资产收益率	20.62%	=8.90% × 1.17 × 1.98 =4.88%+14.17%−0.93%+2.50%

分析造成该差异的成因可知，造成净资产收益率上升的首要原因是营业净利润率上升（14.17%）；次要原因是权益乘数上升，引起净资产收益率上升（2.50%）；再其次的原因是总资产周转率的下降引起净资产收益率下降（-0.93%）。

杜邦财务比率模型第一层分解描述了净资产收益率的驱动因素是营业净利润率、总资产周转率、权益乘数。A企业2020年净资产收益率增加的驱动因素是高盈利的经营策略，并有效控制了财务杠杆即财务风险。

下一步要做三个影响因素的驱动因素分析。例如，营业净利润率的驱动因素分析：营业净利率的变动是由利润表中各个损益项目金额变动引起的，这就要结合A企业利润表中各收入和成本项目的金额变动和结构变动情况进行考虑。考虑权益乘数的驱动因素，要充分利用资产负债表中的资产负债信息，更加全面地反映权益乘数对权益净利率的影响，可直接分析负债与资产的比例关系，找出权益乘数的变动原因。总资产周转率的驱动因素也需要各项资产和收入项目信息，这部分变动原因分析可结合第三章讲述的水平分析法、垂直分析法进行分析，本章不再赘述。

综上，杜邦财务比率模型是基于净资产收益率的综合分析体系，经过二级分解，逐步覆盖企业经营活动的每个环节，以实现系统、全面地评价企业经营成果和财务状况的目的。

本书在接下来的财报分析中既会应用多元理论，也会使用多种分析方法，力求构建出自成逻辑的财报分析体系。

第二篇

看透企业经营

第 **5** 章

企业经济活动与财报分析

财务报表是依据《企业会计准则》的相关规定，在企业既定战略及商业模式下对报告主体的经济活动（筹资、投资以及运营等各项活动）的客观、真实的反映。

从本章开始，引入 IASB[1]、FASB[2] 的"管理用财务报表"思想和张新民的"战略结构资产负债表"思想，在传统财务报表的基础上，构建逻辑严密的报表项目分类体系，厘清以数字形式反映在企业财务报表中的财务状况和经营成果变化是如何形成的，即弄清这些资源配置结果和企业经济活动是如何联系到一起的，从而理解财务报表中数字背后的战略动因，进而透视企业的财务战略。

第一节　财务报表项目的重分类

一、管理用财务报表的思想

传统的资产负债表按照资产和负债的流动性进行列报，分为流动项目和非流动项目；传统的利润表按照经济活动的主次，即日常活动和非日常活动对利润进行列报。

20 世纪中后期，随着金融产品如雨后春笋般出现并蓬勃发展，在很多企业的日常活动中，金融活动也日益频繁，而传统财务报表对企业自身

---

[1]　IASB 指国际会计准则理事会。
[2]　FASB 指美国的财务会计准则委员会。

的经营活动、金融活动以及各自产生的损益并没有加以详细划分。2008年，IASB 和 FASB 联合发布的《关于财务报表列报的初步观点（讨论稿）》中提出，一个经济主体应当将其业务活动进行分解，应将资金方面的信息单独列报。管理用财务报表就结合这种思想应运而生：将企业实体运营层面的活动归为经营活动，具体包括提供商品与劳务以及与之相关的生产性投资等；将企业资本运作层面的活动归为金融活动，具体包括为经营活动筹集资金以及将闲置资金进行投资等。而长期权益投资是对其他企业经营活动进行的投资，故将长期权益投资活动列为经营活动。

因此，企业经营活动包括：①销售商品或提供劳务等营业活动；②与前者有关的生产性资产投资活动。企业金融活动包括：①筹资活动；②多余资金的利用。在此分类基础上对财务报表各项目进行重新整合、分类列报，使财务报表适应现代企业管理的需要。

在传统财务报表的基础上，对企业的资产、负债、损益、现金流量进行重新分类与排列组合，可以编制成管理用三大财务报表，即：管理用资产负债表、管理用利润表和管理用现金流量表。

管理用资产负债表将与经营活动有关的资产和负债归为经营资产和经营负债，将与金融活动有关的资产和负债归为金融资产和金融负债；管理用利润表将与经营活动有关的损益归为经营损益，将与金融活动有关的损益归为金融损益；管理用现金流量表将经营活动产生的现金流量归为经营活动现金流量，将金融活动产生的现金流量归为金融活动现金流量。

二、战略结构资产负债表的思想

根据张新民 2014 年发表在《会计研究》中文章的观点：资产负债表中的数字，不论是从个别项目来看，还是从结构来看，或是从整体来看，均可反映出丰富的战略信息。这是因为，从企业管理的全过程来看，企业对资产结构的根本性安排，服务于企业所确立的总体战略。

　　财务报表数据是企业经济活动中经营状况和成果的反映，可以反映企业的经营方向、资源配置等各项战略的变化。当企业存在对外投资时，资产可以分为经营性资产和投资性资产。钱爱民、张新民在 2009 年将经营性资产这一概念界定为：经营性资产是指企业在开展自身生产经营活动过程中所拥有或控制的，在使用中能够为企业带来正常经营利润的资产，包括在总资产中扣除（对外）投资性资产之后的各项资产。经营性资产一般包括货币资金、应收款项、存货、固定资产、无形资产等类别，对于自身从事实体经营的企业而言，最重要的就是存货和固定资产的规模、结构、内在联系等相关信息。而投资性资产除了反映在直接占用的交易性金融资产、可供出售金融资产（现为其他债券投资和其他权益工具投资）、持有至到期投资（现为债券投资）、长期股权投资等项目以外，还反映在以提供经营性资金的方式对子公司进行投资的其他应收款项目上。按照这种分类，可以将企业区分为：以经营性资产为主的经营主导型企业、以投资性资产为主的投资主导型企业、经营性资产与投资性资产比较均衡的投资与经营并重型企业。

三、项目重分类的作用

　　从前文的分析可以看出，经营性资产侧重资金的对内投资，投资性资产则侧重资金的对外投资。本书融合战略结构资产负债表的思想，将管理用财务报表中的经营活动细分为对内投资和对外投资的经营活动，再考虑到企业的金融活动，那么可将企业的经济活动分为三类：对内经营活动、对外经营活动和金融活动，见表 5-1。

表 5-1　企业经济活动的重分类

企业经济活动项目	管理用财务报表分类	战略结构资产负债表对形成的资产的分类	重分类
生产经营活动	经营活动	经营性资产	对内经营活动
对内的固定资产、无形资产投资	经营活动	经营性资产	对内经营活动
对外权益性投资	经营活动	投资性资产	对外经营活动
对外债权性投资	金融活动	投资性资产	金融活动
债权融资	金融活动	—	金融活动
股权融资	金融活动	—	金融活动

依据这样的经济活动分类对资产负债表进行项目识别，可以帮助我们判断企业的运营战略和筹资战略的类型，如通过对资产项目进行识别，并计算出不同类别的资产项目所占的比重，可以看出该企业是经营活动主导型还是金融活动主导型，其经营活动是对内经营为主还是对外经营为主；通过对负债项目的识别，可以判断企业的融资战略类型。对利润表进行项目识别，可以判断企业的净利润是来自日常经营业务还是金融投资业务等，可以揭示经营活动和金融活动给企业利润带来的影响。对现金流量表进行项目识别，注重对经营活动现金流量和金融活动现金流量分类，重点关注实体产生的利润以及创造的现金流的稳定性与持续性。

基于管理用财务报表的项目识别结果可以用于企业战略分析，尤其是财务战略的分析，这部分内容将在本章第五节系统阐述。

本章的第二节继续以 A 企业为例，对其 2020 年合并资产负债表进行项目识别，对该企业的资产、负债、损益进行重分类。

第二节　资产负债表的项目识别

一、基本思路

管理用资产负债表，就是根据企业的业务性质，将传统资产负债表中的资产项目和负债项目进行重分类，划分为经营资产（或负债）和金融资产（或负债）。经营资产或负债是指为生产、经营活动而持有的资产或负债。金融资产或负债是指利用闲余资金对外投资或筹资而产生的资产或负债。

大部分资产和负债很容易划分，并可以用下面这个公式计算净经营资产：

$$净经营资产 = 经营资产 - 经营负债$$

净经营资产是企业作为一个实体，在营运中从事生产经营活动时真正由自己实际投入的资金形成的。净金融负债（以下简称净负债）＝金融负债－金融资产，净经营资产＝净负债＋所有者权益，这意味着净经营资产占用的资金分别来自债权人提供的净负债和股东提供的股东权益。

在实际分析时，净经营资产也经常按照期限分为净经营性营运资本（经营性流动资产扣减经营性流动负债）和净经营性长期资产（经营性长期资产扣减经营性长期负债）两个部分进行分析。考虑到我国《企业会计准则第 22 号——金融工具确认和计量》中包含的金融资产的概念和管理用资产负债表中的金融资产的范围并不一致，本书将管理用资产负债表中的经营资产（或负债）和金融资产（或负债）在以下表述中分别称为经营性资产（或负债）和金融性资产（或负债）。

再考虑战略结构资产负债表的投资性资产分类，本书将对经营性资产进行细分，按照对内投资和对外投资来进行区分，分为对内经营性资产和对外权益性投资。本书所使用的数据主要来源于国泰安 CSMAR 数据库，部分数据来源于巨潮咨讯网中的上市公司年度报告附注，经手工收集而得。

二、A 企业资产负债表的项目识别

典型的经营性资产包括货币资金、应收票据、应收账款、存货、固定资产、无形资产等，预付款项、投资性房地产、在建工程等通常也属于经营性资产。长期权益性投资，比如长期股权投资，虽然没有用于本企业的经营活动，但是用于其他企业的运营活动，一般归为经营性资产。再考虑战略结构资产负债表的分类，则长期权益性投资重分类为对外权益性投资，其中，长期股权投资中对子公司的投资可以称为对外控制性经营资产。

在资产负债表中，有些项目既与企业的经营活动有关，也与企业的金融活动有关，比如，货币资金既可以用于经营，也可以用于投资，需要根据报表附注的细目信息作出判断，必要时进行分解，一部分计入经营性资产（负债），另一部分则计入金融性资产（负债）。

对 A 企业 2020 年度资产负债表进行项目识别，下列特殊项目需要根据报表的附注信息进行分解。

1. 货币资金

A 企业 2020 年年报货币资金项目的注释见表 5-2。

表 5-2　A 企业 2020 年年报货币资金项目注释

单位：元

项目	期末余额	期初余额
库存现金	95,127.92	90,054.71
银行存款	1,778,241,167.01	683,382,550.58
其他货币资金	186,870,577.54	404,694,024.48
合计	1,965,206,872.47	1,088,166,629.77

其中，其他货币资金包含的具体内容见表 5-3。

表 5-3　A 企业 2020 年年报其他货币资金项目说明

单位：元

项目	期末余额	期初余额
理财产品	154,500,000.00	350,252,000.00
七天定期存款		34,881,000.00
第三方账户余额	22,768,410.44	16,817,889.48
保函、票据、信用证保证金	9,602,167.10	2,743,135.00
合计	186,870,577.54	404,694,024.48

　　理财产品主要为该企业购买的银行发行的可随时赎回的"日积月累""乾元周周利"等理财项目。第三方账户余额为该企业在天猫、京东、亚马逊等平台店铺因业务需要，存于支付宝账户、京东钱包、微信账户及 PINGPONG 等账户中的余额。

经过分析可以判断："库存现金""银行存款"和"其他货币资金"中的"第三方账户余额"及"保函、票据、信用证保证金"两个细目属于经营活动所必需的货币资金，计入经营性资产；"其他货币资金"中的另一部分"理财产品"和"七天定期存款"与企业金融活动有关，计入金融性资产。

2．应收款项融资

A 企业 2020 年年报的重要会计政策及会计估计提示：当本企业收取银行承兑汇票且背书或贴现的交易发生频繁，或资产负债表日后存在背书或贴现的，表明管理该应收票据的业务模式可能是既以收取合同现金流量为目标又以出售该金融资产为目标，在"应收款项融资"项目列报。故"应收款项融资"项目计入金融性资产。

3．其他应收款

A 企业 2020 年年报其他应收款项目的注释见表 5-4。

表 5-4　A 企业 2020 年年报其他应收款项目注释

单位：元

项目	期末余额	期初余额
应收利息		3,871,583.33
应收股利		
其他应收款	56,117,750.50	22,733,502.06
合计	56,117,750.50	26,605,085.39

其中，应收利息由以下项目组成，见表 5-5。

表 5-5 A 企业 2020 年年报应收利息项目注释

单位：元

项目	期末余额	期初余额
理财利息收入		3,871,583.33
合计		3,871,583.33

A 企业 2020 年年报没有应收股利，应收利息和应收股利没有坏账准备计提情况，则应收利息的余额全部计入金融性资产。

接下来分解其他应收款。其他应收款按款项性质进行分类注释，见表 5-6。

表 5-6 A 企业 2020 年年报其他应收款按款项性质注释

单位：元

款项性质	期末账面余额	期初账面余额
股权转让款	31,865,280.00	
押金保证金	16,508,998.83	14,055,784.77
个人借款及备用金	2,163,543.94	3,361,051.68
水电费	21,000.02	24,074.31
其他	6,865,837.85	6,238,803.96
合计	57,424,660.64	23,679,714.70

备注："其他应收款"（见表 5-4）所列数字为账面价值，是"账面余额"（见表 5-6）中的金额减去"坏账准备"（见表 5-7）中的金额后的差额。

对应的其他应收款坏账准备情况如下，见表 5-7。

表 5-7　A 企业 2020 年年报其他应收款坏账准备情况注释

单位：元

类别	期初余额	本期变动金额				期末余额
		计提	收回或转回	转销或核销	其他变动	
其他应收款坏账准备	946,212.66	373,140.97			−12,443.49	1,306,910.14
合计	946,212.66	373,140.97			−12,443.49	1,306,910.14

根据款项性质，其他应收款全部计入经营性资产。

4．其他流动资产

A 企业 2020 年年报其他流动资产项目的注释见表 5-8。

表 5-8　A 企业 2020 年年报其他流动资产项目注释

单位：元

项目	期末余额	期初余额
合同取得成本		
应收退货成本	35,549,159.28	
待抵扣的增值税	119,928,977.19	24,307,132.62
预缴所得税		15,885,490.35
合计	155,478,136.47	40,192,622.97

"其他流动资产"中的"合同取得成本""应收退货成本""待抵扣的增值税""预缴所得税"细目基本由经营活动引起，计入经营性资产。

5．其他应付款

A 企业 2020 年年报其他应付款项目的注释见表 5-9。

表 5-9　A 企业 2020 年年报其他应付款项目注释

单位：元

项目	期末余额	期初余额
应付利息		
应付股利		
其他应付款	335,774,205.71	218,012,027.25
合计	335,774,205.71	218,012,027.25

根据细目内容，其他应付款全部计入经营性负债。

6．其他流动负债

A 企业 2020 年年报其他流动负债项目的注释见表 5-10。

表 5-10　A 企业 2020 年年报其他流动负债项目注释

单位：元

项目	期末余额	期初余额
待转销项税额	15,939,488.99	3,933,580.91
应付退货款	65,198,456.99	
合计	81,137,945.98	3,933,580.91

"其他流动负债"中的"待转销项税额"及"应付退货款"细目基本由经营活动引起，计入经营性负债。

通过对 A 企业 2020 年度传统资产负债表进行项目识别，重分类情况如表 5-11 所示。

表 5-11　A 企业 2020 年度传统资产负债表项目重分类表

单位：元

项目	2020 年 12 月 31 日	2019 年 12 月 31 日	重分类
流动资产：			
货币资金	1,965,206,872.47	1,088,166,629.77	
其中：库存现金	95,127.92	90,054.71	经营性资产
银行存款	1,778,241,167.01	683,382,550.58	经营性资产
金融性其他货币资金	154,500,000.00	385,133,000.00	金融性资产
经营性其他货币资金	32,370,577.54	19,561,024.48	经营性资产
交易性金融资产	62,313,700.00	4,499,900.00	金融性资产
应收票据	137,157.58	765,261.10	经营性资产
应收账款	1,288,373,611.95	927,428,592.62	经营性资产
应收款项融资	60,462,410.49	28,554,760.66	金融性资产
预付款项	99,906,142.74	50,315,061.40	经营性资产
其他应收款	56,117,750.50	26,605,085.39	
其中：应收利息		3,871,583.33	金融性资产
应收股利			
其他应收款	56,117,750.50	22,733,502.06	经营性资产
存货	1,284,730,163.32	999,588,712.90	经营性资产
其他流动资产	155,478,136.47	40,192,622.97	经营性资产
流动资产合计	4,972,725,945.52	3,166,116,626.81	

（续表）

项目	2020 年 12 月 31 日	2019 年 12 月 31 日	重分类
非流动资产：			
长期股权投资	171,046,911.80	174,518,625.15	经营性资产（对外权益性投资）
其他非流动金融资产	81,665,669.30	48,881,873.07	金融性资产
投资性房地产	294,456.34	305,749.61	经营性资产
固定资产	761,802,856.46	774,512,614.38	经营性资产
在建工程	6,377,057.71	5,226,330.98	经营性资产
无形资产	87,284,158.86	89,285,826.52	经营性资产
长期待摊费用	5,807,237.35	8,270,386.22	经营性资产
递延所得税资产	75,349,088.42	64,972,935.66	经营性资产
非流动资产合计	1,189,627,436.24	1,165,974,341.59	
资产总计	6,162,353,381.76	4,332,090,968.40	
流动负债：			
短期借款	108,981,024.50	195,419,818.26	金融性负债
应付票据	199,626,273.15	131,760,401.59	经营性负债
应付账款	1,826,405,447.50	1,069,089,176.40	经营性负债
预收款项		115,213,406.58	经营性负债
合同负债	197,684,466.53		经营性负债
应付职工薪酬	120,081,055.85	66,595,803.95	经营性负债
应交税费	168,941,919.19	36,311,299.36	经营性负债

（续表）

项目	2020 年 12 月 31 日	2019 年 12 月 31 日	重分类
其他应付款	335,774,205.71	218,012,027.25	
其中：应付利息			
应付股利			
其他应付款	335,774,205.71	218,012,027.25	经营性负债
其他流动负债	81,137,945.98		经营性负债
流动负债合计	3,038,632,338.41	1,832,401,933.39	
非流动负债：			
长期应付款		4,105,544.72	经营性负债
递延收益	2,148,126.46	3,469,711.05	经营性负债
递延所得税负债	8,608,613.53	6,730,419.47	经营性负债
非流动负债合计	10,756,739.99	14,305,675.24	
负债合计	3,049,389,078.40	1,846,707,608.63	
所有者权益（或股东权益）：			
实收资本（或股本）	564,365,525.00	564,477,600.00	
资本公积	1,007,347,914.05	989,757,404.33	
减：库存股	67,709,377.96	60,292,640.01	
其他综合收益	−32,655,113.19	−6,189,564.72	
盈余公积	130,135,390.46	105,269,217.43	
未分配利润	1,499,613,178.93	883,270,167.77	

项目	2020 年 12 月 31 日	2019 年 12 月 31 日	重分类
归属于母公司所有者权益（或股东权益）合计	3,101,097,517.29	2,476,292,184.80	
少数股东权益	11,866,786.07	9,091,174.97	
所有者权益（或股东权益）合计	3,112,964,303.36	2,485,383,359.77	
负债和所有者权益（或股东权益）总计	6,162,353,381.76	4,332,090,968.40	

通过对资产负债表的项目识别最终形成了管理用资产负债表（简表）（见附录 4）。经过计算，A 企业 2020 年和 2019 年不同的资产项目和负债项目累计金额为：经营性资产分别为 58.03 亿元和 38.61 亿元；金融性资产分别为 3.59 亿元和 4.71 亿元；经营性负债分别为 29.40 亿元和 16.51 亿元；金融性负债分别为 1.09 亿元和 1.95 亿元。经营性资产扣除经营性负债之后得到的是净经营资产，A 企业净经营资产由 2019 年的 22.10 亿元提高为 2020 年的 28.63 亿元，提高约 6.53 亿元。其中净经营营运资本提高了 6.59 亿元，净经营长期资产下降了 0.06 亿元，净经营长期资产规模变化很小。根据"净负债 = 金融性负债 − 金融性资产"这一公式，A 企业 2019 年净负债约 −2.75 亿元（在金融性负债小于金融性资产的情况下，净负债为负数，这表示 A 企业实际拥有净金融性资产，也就是一部分股东权益资金被企业用于购买金融工具），2020 年净负债约 −2.50 亿元。根据"净经营资产 = 净负债 + 所有者权益"这一公式，与 2019 年相比，A 企业 2020 年提高了投入生产经营中的资本 6.53 亿元，这一部分资本来源主要依赖于股东权益提高了 6.28 亿元左右。

第三节　利润表的项目识别

一、基本思路

根据表 5-1（企业经济活动的重分类），管理用利润表将企业的损益分为经营损益与金融损益（净利润 = 经营损益 + 金融损益）。经营损益和金融损益的划分标准与管理用资产负债表相对应，一般的项目很容易区分：经营损益是通过经营活动形成的损益，金融损益是通过金融活动形成的损益。这两部分损益分开考量，可以帮助报表分析者认清业绩发生变化的原因。

管理用利润表的基本数量钩稽关系如下。

首先计算分摊所得税前的经营损益和金融损益金额。作为一个实体，企业投入资金形成净经营资产，净经营资产经过经营活动产生了管理用利润表的经营损益，设置"税前经营利润"综合项目表示经营损益的税前金额。企业的金融活动大部分表现为筹资，其主要目的是为生产经营提供资金保障，因此，财务费用中的利息费用属于金融损益。一般来说，金融损益下的利息费用为正数，需要经营损益进行补偿；如果利息费用为负值，则属于企业的收益。管理用利润表将利息费用与来自金融资产的其他金融损益合并，设置"利息费用"这个综合项目表示金融损益的税前金额，包括净负债产生的各种金融性质的损益。

经营损益和金融损益的税前金额，在计算净利润时需要分摊所得税费用，一般采用平均所得税率（所得税费用 / 利润总额），根据两种损益的税前金额计算各自应分摊的所得税。两种损益的税前金额扣减各自分摊的所得税后分别得到"税后经营净利润"和"税后利息费用"项目金额。税

后经营净利润补偿税后利息费用后，得到归属于股东的净利润，即：税后经营净利润 − 税后利息费用 = 净利润。

需要注意的是，前文已经将经营活动按照对内投资和对外投资进行区分，那么，在管理用利润表中需要将投资收益的金额分离出对外权益性投资活动形成的投资收益。

二、A 企业利润表的项目识别

由于损益类项目均产生于相关的资产或负债，一般可以根据资产或负债的分类来区分金融损益与经营损益。因此，与管理用资产负债表对应，在管理用利润表中，单纯由经营性资产（或负债）形成的项目或者单纯由金融性资产（或负债）形成的项目，直接计入经营损益或金融损益，比如营业收入、营业成本直接计入经营损益，公允价值变动损益主要体现为金融资产或金融负债的价值变动，一般归为金融损益。

在实际操作中需要注意区分财务费用、投资收益以及资产减值损失。这些项目既有由经营性资产（或负债）形成的，又有由金融性资产（或负债）形成的，必须将它们分解。由经营性资产和负债形成的，计入经营损益；由金融性资产和负债形成的，则应计入金融损益。

对 A 企业 2020 年年报进行项目识别，下列特殊项目需要根据资产负债表的附注信息进行分解。

1．财务费用

A 企业 2020 年年报财务费用项目的注释见表 5−12。

表 5-12 A 企业 2020 年年报财务费用项目注释

单位：元

项目	本期发生额	上期发生额
利息支出	7,624,097.24	8,506,272.71
减：利息收入	−10,563,457.17	−11,439,447.81
汇兑损失	61,721,578.78	
减：汇兑收益		−14,210,219.67
手续费支出	4,627,779.73	2,726,242.08
其他支出	48,277.35	19,015,706.95
合计	63,458,275.93	4,598,554.26

在财务费用中，现金折扣这一细目属于经营损益，而其他细目的发生额计入利息收支、汇兑损益、手续费等属于筹资活动的成本，全部归为金融损益。A 企业 2020 年度资产负债表关于财务费用的附注中没有"现金折扣"这一项，则"财务费用"的发生额全部计入金融损益。

2．投资收益

A 企业 2020 年年报投资收益项目的注释见表 5-13。

表 5-13 A 企业 2020 年年报投资收益注释

单位：元

项目	本期发生额	上期发生额
权益法核算的长期股权投资收益	−7,215,477.53	−1,851,330.83
处置长期股权投资产生的投资收益	46,107,739.18	
处置交易性金融资产取得的投资收益	6,407,466.44	−122,800.00
合计	45,299,728.09	−1,974,130.83

表 5-13 中前两个细目属于长期股权投资产生的投资收益，来源于对外权益性投资，属于对外权益性投资的经营损益；第三个细目属于交易性金融资产产生的投资收益，来源于金融性资产，属于金融损益。

3．公允价值变动收益

A 企业 2020 年年报公允价值变动收益项目的注释见表 5-14。

表 5-14　A 企业 2020 年年报公允价值变动收益项目注释

单位：元

产生公允价值变动收益的来源	本期发生额	上期发生额
交易性金融资产	−451,700.00	2,770,544.35
其中：衍生金融工具产生的公允价值变动收益	−451,700.00	2,770,544.35
权益工具公允价值变动收益	7,783,796.23	
合计	7,332,096.23	2,770,544.35

公允价值变动收益均来自金融性资产，则公允价值变动收益的发生额全部计入金融损益。

4．信用减值损失和资产减值损失

A 企业 2020 年年报信用减值损失项目和资产减值损失项目的注释分别见表 5-15 和表 5-16。

表 5-15　A 企业 2020 年年报信用减值损失项目注释

单位：元

项目	本期发生额	上期发生额
应收账款坏账损失	−13,202,452.75	−794,005.42
其他应收款坏账损失	−373,140.97	216,655.16
合计	−13,575,593.72	−577,350.26

表 5-16　A 企业 2020 年年报资产减值损失项目注释

单位：元

项目	本期发生额	上期发生额
一、坏账损失		
二、存货跌价损失及合同履约成本减值损失	−92,874,350.23	−31,422,145.92
三、长期股权投资减值损失		
四、投资性房地产减值损失		
五、固定资产减值损失		
六、工程物资减值损失		
七、在建工程减值损失		
八、生产性生物资产减值损失		
九、油气资产减值损失		
十、无形资产减值损失		
十一、商誉减值损失		
十二、其他		
合计	−92,874,350.23	−31,422,145.92

　　根据 A 企业 2020 年管理用资产负债表的项目识别，"其他应收款"由"应收利息""应收股利""其他应收款"三个细目组成，而"应收股利"和"应收利息"没有坏账准备计提情况，则信用或资产减值损失由"应收账款""经营性其他应收款"和"存货"产生，全部属于经营资产的减值，计入经营损益。

　　通过对 A 企业 2020 年传统利润表进行项目识别，重分类情况如表5-17 所示。

表 5-17　A 企业 2020 年传统利润表项目重分类表

单位：元

项目	2020 年	2019 年	重分类
一、营业总收入	7,233,756,498.64	5,312,194,274.60	
其中：营业收入	7,233,756,498.64	5,312,194,274.60	经营损益
二、营业总成本	6,521,071,876.81	5,157,499,964.50	
其中：营业成本	4,133,642,745.25	3,278,045,801.11	经营损益
税金及附加	54,001,873.69	36,895,129.52	经营损益
销售费用	1,560,704,816.81	1,231,776,009.92	经营损益
管理费用	371,244,325.38	328,849,972.33	经营损益
研发费用	338,019,839.75	277,334,497.36	经营损益
财务费用	63,458,275.93	4,598,554.26	
其中：利息费用	7,624,097.24	8,506,272.71	金融损益
利息收入	10,563,457.17	11,439,447.81	金融损益
加：其他收益	66,441,417.80	17,813,884.64	经营损益
投资收益（损失以"一"号填列）	45,299,728.09	−1,974,130.83	
其中：对联营企业和合营企业的投资收益	−7,215,477.53	−1,851,330.83	经营损益（对外权益性投资）
处置长期股权投资产生的投资收益	46,107,739.18		
处置交易性金融资产取得的投资收益	6,407,466.44	−122,800.00	金融损益
公允价值变动收益（损失以"一"号填列）	7,332,096.23	2,770,544.35	金融损益

（续表）

项目	2020 年	2019 年	重分类
信用减值损失（损失以"—"号填列）	−13,575,593.72	−577,350.26	经营损益
资产减值损失（损失以"—"号填列）	−92,874,350.23	−31,422,145.92	经营损益
资产处置收益（损失以"—"号填列）	2,218,531.15	−338,454.59	经营损益
三、营业利润	727,526,451.15	140,966,657.49	
加：营业外收入	5,172,858.77	6,638,819.06	经营损益
减：营业外支出	1,104,779.51	3,178,068.62	经营损益
四、利润总额（亏损总额以"−"号填列）	731,594,530.41	144,427,407.93	
减：所得税费用	87,609,735.12	23,165,276.38	
五、净利润（净亏损总额以"−"号填列）	643,984,795.29	121,262,131.55	

　　通过对利润表的项目进行识别，最终形成了传统利润表项目管理用利润表（见附录 5）。2020 年 A 企业的利润总额和 2019 年相比增加了三倍，增加额达到 5.87 亿元。把表 5-17 的四个金融损益数据累计在一起（利息费用 − 利息收入 − 处置交易性金融资产取得的投资收益 − 公允价值变动收益）可以得到金融损益的税前金额：2020 年约为 −0.17 亿元，2019 年约为 −0.06 亿元。其余的都属于经营损益，累计在一起可以得到税前经营利润，2020 年约为 7.15 亿元，2019 年约为 1.39 亿元，税前经营利润增加额约 5.76 亿元。利润总额增加主要是由经营业务形成的经营损益贡献的，贡献占比接近 98%，这表明这两年 A 企业的利润主要由主营业务产生，不

易产生业绩不稳定的风险。

最后，通过扣减所得税费用来分析 A 企业的净利润。2020 年 A 企业的平均所得税率约为 12%（所得税费用 0.88 亿元与利润总额 7.32 亿元之比），2019 年平均所得税率约为 16%（所得税费用 0.23 亿元与利润总额 1.44 亿元之比）。2020 年按照 12% 这一比例计算经营损益和金融损益分摊的所得税，分别为 0.86 亿元（7.15 亿元 ×12%）和 −0.02 亿元（−0.17×12%）。2020 年净利润为 6.44 亿元，经计算，得到的税后经营损益（附录 2 中的税后经营净利润）和税后金融损益（附录 2 中的税后利息费用）分别为 6.29 亿元和 −0.15 亿元，说明税后经营净利润 6.29 亿元加上归属企业的税后利息净收入 0.15 亿元，归属股东的净利润达到了 6.44 亿元。2019 年的计算结果本书从略。

第四节　管理用现金流量表的编制思路

一、基本思路

管理用现金流量表是利用管理用资产负债表和管理用利润表，将现金流量划分为经营活动现金流量和金融活动现金流量。经营活动现金流量是指企业在生产经营中产生的现金流，金融活动现金流量是指因筹资活动和金融市场投资活动而产生的现金流量。

管理用现金流量表中，经营活动现金流量（产生的结果为实体现金流量）和金融活动现金流量（产生的结果为融资现金流量）平衡，企业经营活动产生的现金流最终会通过还本付息、发放股利、回购股份以及购买金融资产等方式流入债权人和股东，即：实体现金流量＝融资现金流量。实体现金流量也称自由现金流量，如果其数值为正值，说明经营活动给企业带来了现金净流入量，该自由现金流分配给债权人（债务现金流量）和股东（股权现金流量）；如果自由现金流为负值，表明企业经营现金流入小于再投资的需求，不足部分从外部筹集获取。

二、管理用现金流量表的数据来源

管理用现金流量表的数据来源为进行项目识别后形成的管理用资产负债表和管理用利润表，因此，管理用现金流量表不需要进行项目识别，而是直接编制。2006 年，财政部发布《企业会计准则》实施后的现金流量表已比较接近管理用现金流量表。从"实体现金流量 = 融资现金流量"出发，根据表 5-11 和表 5-17 中的数据，所得税费用按两种损益金额的比例分摊，形成管理用现金流量表的基本数量钩稽关系，见表 5-18。

表 5-18　A 企业 2020 年管理用现金流量表的基本数量钩稽关系

单位：元

经营活动现金流量	2020 年	金融活动现金流量	2020 年
税后经营净利润	629,303,203.08	税后利息费用	−14,681,592.21
加：折旧与摊销	66,818.52	减：净负债增加	25,560,543.51
＝营业现金毛流量	629,370,021.60	＝债务现金流量	−40,242,135.72
减：净经营资产增加	653,141,487.10	净利润	643,984,795.29
折旧与摊销	66,818.52	减：股权资本净增加	627,580,943.59
		＝股权现金流量	16,403,851.70
＝实体现金流量	−23,838,284.02	融资现金流量	−23,838,284.02

表 5-18 中 A 企业 2020 年的数据来源和计算方式如下。

① "税后经营净利润" 和 "税后利息费用" 来自表 5-17 的计算结果，分别代表税后的经营损益和金融损益，"净利润" 等于 "税后经营净利润" 减去 "税后利息费用"，A 企业 2020 年 "税后利息费用" 为负值，实际上是利息净收入。

② "净经营资产增加" 和 "净负债增加" 来自表 5-11 的计算结果。净经营资产增加 =2020 年末净经营资产 -2020 年初净经营资产（即 2019 年末净经营资产）；净负债增加 =2020 年末净负债 -2020 年初净负债（即 2019 年末净负债），具体如下：

2020 年末净经营资产 2,863,003,548.07 元 =2020 年末经营性资产 5,803,411,601.97 元 -2020 年末经营性负债 2,940,408,053.90 元

2019 年末净经营资产 2,209,862,060.97 元 =2019 年末经营性资产 3,861,149,851.34 元 -2019 年末经营性负债 1,651,287,790.37 元

2020 年末净负债 -249,960,755.29 元 =2020 年末金融性负债 108,981,024.50 元 -2020 年末金融性资产 358,941,779.79 元

2019 年末净负债 -275,521,298.80 元 =2019 年末金融性负债 195,419,818.26 元 -2019 年末金融性资产 470,941,117.06 元

③ "股权资本净增加" 和 "折旧与摊销" 金额是通过报表附注获取的。最终得到的是实体现金流量，该金额为 -0.24 亿元，这表明 A 企业 2020 年税后经营净利润低于净经营资产增加，在数量方面体现的是经营活动产生的现金流满足生产再投资需求后不足的金额。债务现金流量为 -0.40 亿元，说明 A 企业在 2020 年从债权人流向企业的资金总计为 0.40 亿元，包括收取债权人的利息约为 0.15 亿元、实际净负债增加约为 0.26 亿元。另外，归属于股东的股权现金流量为 0.16 亿元。概括来说，A 企业 2020 年实体现金流为 -0.24 亿元，表明企业经营活动产生了资金缺口，

该缺口由债务现金流量承担 −0.4 亿元（负值代表流入），0.4 亿元除了平衡资金缺口外，分配给股权的现金流量为 0.16 亿元（正值代表流出）。

第五节　财务报表与财务战略分析

本节继续以 A 企业为例，利用"管理用财务报表"概念和"战略结构资产负债表"思想的基本理论，结合项目识别的结果，来讨论企业经营过程中财务报表数据背后的财务战略。

一、筹资战略分析与财务报表

企业的筹资活动通常分为负债筹资和所有者权益筹资，具体可以分为经营性负债、金融性负债、投入资本和留存收益等部分。

在 A 企业 2020 年合并资产负债表中，对于报表中的负债和所有者权益项目，也可以将其分为经营性负债、金融性负债、投入资本和留存收益等部分。

根据本章第二节的表 5-11 中的数据，下面分别分析 A 企业 2020 年经营性负债、金融性负债、投入资本和留存收益四个部分的具体情况。①经营性负债（合计 29.4 亿元）：在 A 企业的常规性、经营性负债中，应付账款超过 18 亿元，占比最大，其次是 3.35 亿元的其他应付款；②金融性负债（合计 1.09 亿元）：合并资产负债表中，金融性负债主要是 1 亿元的短期借款项目；③投入资本（合计 13.6 亿元）：所有者权益中，股本约为 5.64 亿元，资本溢价部分（见表 5-19）约为 7.84 亿元，这两项合计规模约为 13.48 亿元，少数股东的贡献约为 0.12 亿元；④留存收益（合计 16.30 亿元）：包括盈余公积和未分配利润。

通过表 5-11 资产负债表项目重分类表的资金来源构成分析，可以发现，推动整个集团发展的财务资源来自：① A 企业的业务发展所形成的经营性负债；②留存收益；③投入资本。我们可以看出，支持 A 企业的财务资源主要来自其经营性负债和留存收益，这说明 A 企业处于同行业竞争的主导性地位，最大限度地占用上下游企业的资金来支撑自己的经营与扩张，并充分利用与企业盈利能力有直接关联的累积的未分配利润，由这些方面产生的企业高负债不仅不一定表明企业面临高风险，反而可能反映出企业的竞争优势。

表 5-19　A 企业 2020 年年报资本公积项目注释

单位：元

项目	期初余额	本期增加	本期减少	期末余额
资本溢价	776,696,892.58	26,305,730.11	18,776,917.16	784,225,705.53
其他资本公积	213,060,511.75	10,061,696.77		223,122,208.52
合计	989,757,404.33	36,367,426.88	18,776,917.16	1,007,347,914.05

二、运营战略分析与财务报表

财务报表的资产部分按照流动性和变现能力呈列，其结构反映了企业的运营战略部署，具体分为经营型或投资型企业。根据表 5-11 的数据来看：在此合并报表显示的资产总规模中，常规的经营性资产，如银行存款、应收账款、存货等项目金额较大，在总资产中的占比明显较高；金融性资产，如交易性金融资产、金融性其他货币资金、其他非流动金融资产、应收款项融资的规模相对较低，即使考虑可能存在其他具有金融性资产因素的应收款，其规模也比较低。

A 企业 2020 年年报显示企业总体战略为：将持续推动基于家用服务机器人、高端智能生活电器两大消费业务的双轮驱动战略，同时积极布局和拓展商用服务机器人，持续加大技术创新的投入，打造多元化创新产品线，实现在全球范围内更大的市场规模和占有率，努力构建新的业务增长引擎。

根据对表 5-11 的分析，我们可以得出结论：A 企业集团采用的是经营主导的运营战略。

在第六章的分析中，将结合本章第三节中表 5-17（A 企业 2020 年传统利润表项目重分类表）中的数据，来观察 A 企业的经营性资产和金融性资产的盈利能力。

三、投资战略分析与财务报表

表 5-20 由 A 企业 2020 年的现金流量表汇总而成，表中的数据显示，A 企业的经营活动产生的现金流量净额接近 12 亿元，对企业投资活动产生的现金流出量（近 2 亿元）完全可以形成战略支撑，也就是说，企业投资活动的现金流出量完全可以依靠经营活动来解决，不需要任何筹资活动来支持。

表 5-20　A 企业 2020 年经营活动、投资活动和筹资活动净现金流量情况

单位：元

项目	2020 年	2019 年
一、经营活动产生的现金流量净额	1,196,800,835.51	261,594,219.37
二、投资活动产生的现金流量净额	−199,584,045.10	−348,162,425.89

（续表）

项目	2020 年	2019 年
三、筹资活动产生的现金流量净额	−84,362,500.80	20,257,208.45
四、汇率变动对现金及现金等价物的影响	−34,364,937.31	10,307,332.81
现金及现金等价物净增加额	878,489,352.30	−56,003,665.26

　　从投资活动现金流出情况（见表 5–21）来看，A 企业 2020 年的投资活动一半以上为购建固定资产、无形资产和其他长期资产，这体现了企业强化自身经营能力的战略意图。由于在资产负债表中"在建工程"项目金额的变化不大，因而可以推断，购建的多数固定资产项目都已在年度内完工并转入固定资产，但根据前文利润表数据可知，企业的营业收入却相对增长，这可以表明，企业当年新增的固定资产、无形资产等长期资产项目对企业的业务贡献度较高。

表 5–21　A 企业 2020 年度投资活动现金流出情况

单位：元

项目	2020 年	2019 年
购建固定资产、无形资产和其他长期资产支付的现金	134,779,397.88	312,253,165.59
投资支付的现金	48,999,876.00	42,408,400.00
支付其他与投资活动有关的现金	60,000,000.00	6,000,000.00
投资活动现金流出小计	243,779,273.88	360,661,565.59

需要说明的是，传统财务报表的经营活动产生的现金流量净额约为12 亿元（见表 5-20），管理用财务报表的经营活动现金流量约为 -0.24 亿元（见表 5-18 的实体现金流量），二者的差异在于对经营活动的定义不同，表 5-18 的经营活动不仅包括企业日常生产经营所产生的现金流量，还包括对内的固定资产、无形资产投资。

在接下来的第六、七、八章，会兼顾集团和母公司的视角解读财报数据，从三个维度搭建系统的财报分析框架，即：第六章以资产负债表为重点，分析企业的资产质量、资本结构质量（财务风险）以及最终实现资本保全的能力；第七章以利润表为重点，分析企业的利润质量；第八章以现金流量表为重点，分析企业的现金流质量。

自 2017 年以来，会计准则的修订、发布与执行非常集中：国内上市公司自 2019 年起执行新金融工具准则；自 2020 年起执行新收入准则；自2021 年起执行新租赁准则。为了横向分析年报数据时使其更具有可比性，在数据来源方面，本书的报表项目全部选用 2019 年和 2020 年这两期，并继续以 A 企业作为分析对象，按照 A 企业公司概况里所写的"电气机械和器材制造业"这一行业分类，在国泰安 CSMAR 数据库中筛选我国沪深A 股、创业板和科创板上市公司，最后选取 2019 年和 2020 年均有财报数据的 224 家非 ST（利润可能不稳定）企业，来计算行业均值。

第 **6** 章

诊断企业财务状况

分析企业财报的目的主要是立足企业过去的财务信息，预测企业的发展前景，所以，需要详细分析企业资产负债表中的各类资产情况、负债情况以及所有者权益（也称股东权益、简称权益）情况。分析资产情况时，要关注企业资产的真实价值，分析企业资产的质量情况；分析负债和所有者权益情况时，要关注企业因筹措资金而可能产生丧失支付能力的偿债风险，要分析资本结构质量。总体来说，要综合资产、负债和所有者权益情况，分析企业是否最终实现资本保全。

企业的财务状况是企业从事经济活动（筹资、投资以及经营等各项活动）所产生的静态财务结果。企业财务状况的分析应包括资产质量、资本结构质量、资本保全能力等方面的分析。

第一节　诊断资产质量

本节内容综合借鉴徐泓于 2009 年发表在《经济与管理研究》和徐文学于 2010 年发表在《财会通讯》中的文章的内容，将资产质量的特征归纳为资产的存在性、资产的周转性以及资产的盈利性这三个方面，本书将从这三个方面对资产质量进行评价。

一、资产的存在性分析

从资产的定义这个角度来看，资产的存在性是指资产真实存在，并能为企业带来经济利益。所以，在考虑资产的存在性时要剔除那些虽然存在，但是很可能产生不了经济利益的资产，也就是不良资产。不良资产一般包括逾期 3 年以上的应收账款、其他应收款、长期待摊费用、递延所得税等不能在未来给企业带来经济利益的资产。我国的资产负债表中，应收账款科目中直接抵减坏账准备，因此还要考虑逾期 3 年以上应收账款的坏账准备情况。A 企业 2020 年不良资产数据见表 6-1。

表 6-1　A 企业 2020 年不良资产数据

项目	2020 年 12 月 31 日	2019 年 12 月 31 日
3 年以上应收账款（元）	979,407.50	280,768.56
3 年以上应收账款坏账准备（元）	979,407.50	280,768.56
其他应收款（元）	56,117,750.50	22,733,502.06
长期待摊费用（元）	5,807,237.35	8,270,386.22
递延所得税资产（元）	75,349,088.42	64,972,935.66
不良资产合计（元）	137,274,076.27	95,976,823.94
资产总额（元）	6,162,353,381.76	4,332,090,968.40
不良资产占比（%）	2.23	2.22

A 企业对 3 年以上应收账款实施全额计提坏账准备，因此该项目金额最终不计入不良资产合计中。总体来看，A 企业 2020 年不良资产占比较上年同期略有增加，但 2019 年、2020 年不良资产占比总体较低。不良资产占比越高，表明企业积累的不能参与企业正常运营和正常资金周转的资金越多，资金利用率越差。所以，该数字越小越好，数字为 0 最好。

二、资产的周转性分析

对于企业来说，资产是企业资金的分布及其存在的具体形态，加快资金周转，可以节约资金，提高企业的利润水平。周转性是指企业用于经营的资产被利用的效率和周转速度。在经营性资产中，对内经营性资产作为企业自身生产经营活动的物质基础，周转速度越快，说明利用效率越高，为企业赚取利润的能力越强。在企业对内经营性资产项目中，通常应收账款和存货占的比重最大，而且这两个项目与企业的营业收入和收现能力直接相关，因此需要对其周转性进行单独分析。

（一）应收账款的周转性

主要通过应收账款的周转率来判断和分析应收账款的周转性。应收账款周转率是指企业在一定时期内的营业收入与应收账款平均余额的比值，其公式为：

$$应收账款平均余额 ＝（期初应收账款 ＋ 期末应收账款）÷2$$

应收账款完成一次周转是指从形成应收账款到实际收回款项，应收账款周转率则表示企业一年内完成应收账款周转的次数。从理论上讲，应收账款的形成对应项目是赊销收入，在计算应收账款周转率时，应该使用赊销收入而不是营业收入，以保持分子和分母的内容相关以及口径一致，其公式为：

$$应收账款周转率 ＝ 赊销收入 ÷ 应收账款平均余额$$

但是由于财务报表中不反映赊销收入，因此赊销收入只能用营业收入代替。

应收账款周转率可以用来估计应收账款变现的速度以及企业管理的效率。账款回收迅速既可以节约资金，也说明企业信用状况好，不易发生坏账损失，一般认为应收账款周转率越高越好。但如果应收账款周转率过高，应收账款周转天数过短，则表明企业实施的信用政策比较严格，可能会影响企业扩大销售量。A 企业 2020 年应收账款周转率计算见表 6-2。

表 6-2　A 企业 2020 年应收账款周转率计算表

项目	2020 年 12 月 31 日	2019 年 12 月 31 日
应收账款（元）	1,288,373,611.95	927,428,592.62
营业收入（元）	7,233,756,498.64	5,312,194,274.60
应收账款周转率（次）	6.53	—
应收账款周转率行业均值（次）	5.24	—

A 企业 2020 年应收账款周转率达到 6.53 次，同期行业均值为 5.24 次。根据应收账款周转率的经济含义，该指标越大越好，因此，A 企业的应收账款周转能力比行业内的多数企业更好。按照一年 360 天这一行业惯例来计算，A 企业应收账款收回一次平均需要约 55 天。分析和判断企业的应收账款周转率时，要结合企业的经营方式，比如季节性经营、不同的结算方式等，这些都会使应收账款周转率出现变化。

（二）存货的周转性

存货是企业流动资产中占比最大的资产，通常占流动资产数额的一半甚至更多。存货是企业为了保持生产经营活动的连续性而进行的一种投资，该投资的回报来自出售存货所带来的预期利润。在正常经营活动中，企业必须维持一定水平的存货，因此对存货的质量和周转性进行评价就变得十分重要。衡量存货质量和周转性的常用指标是存货周转率。

存货周转率是指企业在一定时期内存货占用资金可周转的次数：

$$存货周转率（周转次数）= 营业成本 \div 存货平均余额$$

$$存货平均余额 =（期初存货 + 期末存货）\div 2$$

A 企业 2020 年存货周转率计算见表 6-3。

表 6-3　A 企业 2020 年存货周转率计算表

项目	2020 年 12 月 31 日	2019 年 12 月 31 日
存货（元）	1,284,730,163.32	999,588,712.90
营业成本（元）	4,133,642,745.25	3,278,045,801.11
存货周转率（次）	3.62	——
存货周转率行业均值（次）	4.74	——

一次存货周转历经购入存货、投入生产、销售收回资金等环节，存货周转率表示企业一年内存货完成周转的次数。一般来说，存货周转率越高说明销售越好，在存货上占用的营运资金金额也会越少。但这对供应商供货的能力以及对物流要求很高，需要企业管理层关注并提前预判。A 企业 2020 年存货周转率约为 3.62 次，周转一次所需的天数约为 99 天。将该指标与行业平均水平 4.74 进行对比，可以发现，A 企业 2020 年存货的周转效率以及管理水平还有提升的空间。

三、资产的盈利性分析

资产的盈利性就是资产给企业创造利润的能力。资产的盈利性与企业的经营方式紧密相关，企业经营的目的就是通过合理配置与使用资产，以一定的资产投入，获得尽可能多的盈利。资产质量的优劣最终反映在该项资产能够给企业带来多少经济收益。本书选择总资产报酬率作为基本指标来衡量资产的总体盈利水平（其中，不同资产的盈利性分析将在下一章详细分析）。总资产报酬率中总资产的来源有债权人权益（负债）和所有者权益，对应的报酬额为利息和利润，则总资产报酬率应是息税前利润（利息费用＋利润总额）与平均总资产的对比结果，即：

$$总资产报酬率 =（利息费用 + 利润总额）÷ 平均总资产 × 100\%$$

运用资产负债表和利润表中的资料和数据，可计算总资产报酬率。A 企业 2020 年总资产报酬率计算见表 6-4。

表 6-4　A 企业 2020 年总资产报酬率计算表

项目	2020 年 12 月 31 日	2019 年 12 月 31 日
利润总额（元）	731,594,530.41	144,427,407.93
利息费用（元）	7,624,097.24	8,506,272.71
资产总计（元）	6,162,353,381.76	4,332,090,968.40
总资产报酬率（%）	14.09	—
总资产报酬率行业均值（%）	7.45	—

总资产报酬率越高，说明企业的全部资产对应的产出水平越高，即全部资产的总体盈利性越好。A 企业 2020 年总资产报酬率超过 14%。在计算行业均值时，在 224 家企业中，剔除 2020 年、2019 年利润总额为负数的企业后，剩余 140 家企业，这些企业的总资产报酬率的行业均值为 7.45%。可以看出，即使是对比用的数据中剔除了亏损企业的，A 企业 2020 年总资产的盈利性在行业中仍然较好。第五章第五节对 A 企业的运营战略进行分析得出的结论——A 企业采用的是经营主导的运营战略。而上述计算得出的 A 企业总资产报酬率数据说明 A 企业总体资产的经营效果比较理想。

第二节　诊断财务风险

财务风险的概念有广义和狭义两种。一般来说，广义的财务风险是指由于受不确定因素的影响，在财务活动中，财务收益与预期收益间产生的一定的偏离；狭义的财务风险是指企业因借入资金等方式筹资而产生的到期不能偿还其负债的风险。本节所讨论的财务风险是狭义的财务风险。

企业的资金来源分为负债与所有者权益，本节的分析包括财务结构和资本结构。财务结构是指资产和资金来源的匹配问题，本书所说的资本结构指资金来源的构成、比例及其相互联结的方式。

解读企业筹资活动对财务报表的影响，对于分析企业的理财政策，揭示企业的财务风险，评价企业的长期发展能力十分重要。

一、分析企业的财务结构

分析企业的财务结构也就是分析资金来源的期限结构与资产结构的适应性。负债高的资本结构，偿债风险极大，对资产流动性的要求也非常高；权益高的资本结构，偿债风险小，对资产流动性的要求也就低一些。资金的来源根据期限的长短可以分为流动资金和非流动资金两种，这两种资金的配比决定了企业的融资成本和融资风险。非流动资金最明显的特质是不存在短期偿债压力，但是融资成本较高。而流动资金虽然融资成本低，但会使企业产生随时偿债的压力。因此，企业要在期限和数额方面均衡资产与资本，合理匹配长短期的资产形态与长短期的资本来源，这样才有助于企业形成更稳健的财务结构。

（一）分析流动资金适应性

分析流动资金适应性是指分析流动资产与流动负债的匹配情况。流动资产与流动负债的比较方式有两种：一种是计算绝对量的差额，形成的指标是营运资金；一种是计算相对量的比值，形成的指标有流动比率和速动比率。

1．营运资金

营运资金指的是企业在短期内可供营运周转使用的资金，即企业流动资产减去流动负债后的余额，可说明企业对短期债权人的保障程度。在实际业务中，企业的营运资金状况往往会影响企业的负债筹资能力，许多贷款协议和债务契约中经常有要求债务人保持某最低营运资金水平的条款。营运资金的计算公式为：

$$营运资金 = 流动资产 - 流动负债$$

流动资产和流动负债等数据一般选用资产负债表中的期末数。

当流动资产大于流动负债时，营运资金为正数，表明企业长期资本的数额大于长期资产，超出部分被用于流动资产，从而增强企业财务状况的稳定性。A 企业 2020 年营运资金结构变动情况见表 6-5。

表 6-5　A 企业 2020 年营运资金结构变动分析表

项目	2020 年 12 月 31 日		2019 年 12 月 31 日	
	金额（元）	结构	金额（元）	结构
流动资产	4,972,725,945.52	100%	3,166,116,626.81	100%
流动负债	3,038,632,338.41	61.11%	1,832,401,933.39	57.88%
营运资金	1,934,093,607.11	38.89%	1,333,714,693.42	42.12%
行业均值	2,294,417,512.75		1,927,787,379.84	

从表 6-5 可以看出，2020 年，A 企业营运资金占流动资产的比例为 38.89%，表明流动资产的 61.11% 来自流动负债，即 1 元流动资产需要偿还 0.61 元的流动负债，而 2019 年 1 元流动资产需要偿还 0.58 元的流动负债，从以上数据可以看出，A 企业在 2020 年营运资金规模虽然扩大，但是营运资金占比有所下降。

需要说明的是，一般来说，制造企业因存货和应收账款比较多，营运资金占流动资产的 30%~50%，A 企业在 2020 年的营运资金占比相对合理。

但从企业理财的角度来看，营运资金过多，则表明企业流动资产占用的资金过多，而流动资产的收益性不如非流动资产的收益性，企业的盈利能力可能会因此降低。

2. 流动比率

营运资金是流动资产抵补流动负债后的余额，而接下来要介绍的指标——流动比率，是流动资产与流动负债的比值。流动比率也称营运资金比率，是相对数指标，不受企业规模的影响。一般来说，流动比率高，说明企业可利用的营运资金充足，企业可变现的资产较多，支付短期债务的能力较强。

判断流动比率是否合适的标准，从经验来说，制造业企业的流动比率应维持在 2 左右，其理由是变现能力最差的存货通常占流动资产的一半左右，剩下的变现能力较强的流动资产至少要等于流动负债。

沿用 A 企业财务报表中的数据，经计算得出：2020 年流动比率为 1.64；2019 年流动比率为 1.73，见表 6-6。

表 6-6　A 企业 2020 年流动比率计算表

项目	2020 年 12 月 31 日	2019 年 12 月 31 日
流动资产（元）	4,972,725,945.52	3,166,116,626.81
流动负债（元）	3,038,632,338.41	1,832,401,933.39
流动比率	1.64	1.73
流动比率行业均值	1.41	1.39

将上述计算结果与同行业平均水平进行对比，A 企业可用于偿付短期债务的流动资产相对较多，财务风险较小。

3. 速动比率

速动比率指速动资产与流动负债的比值。速动资产是指可以快速变现的资产，包括货币资金、交易性金融资产、应收票据、应收账款、应收款项融资、其他应收，等于全部流动资产减去存货预付款项、一年内到期的非流动资产和其他流动资产。A 企业 2020 年速动比率见表 6-7。

表 6-7　A 企业 2020 年速动比率计算表

项目	2020 年 12 月 31 日	2019 年 12 月 31 日
速动资产（元）	3,432,611,502.99	2,076,020,229.54
流动负债（元）	3,038,632,338.41	1,832,401,933.39
速动比率	1.13	1.13
速动比率行业均值	1.05	0.97

由于存货需要经过生产、销售和应收账款环节才能转变为现金，属于流动性较差、变现所需时间较长的资产，特别是当存货中包含积压和滞销产品或必须经过较长时间储备才能销售的产品（如酒厂的产品），或者部分存货已经抵押给债权人时，其变现能力更差。另外，存货可能存在账面价值与实际价值差异较大的情况，因此把存货从流动资产中扣除后经计算得出的速动比率是企业现实的短期偿债能力，比流动比率反映的短期偿债能力更准确，可信度更高。

沿用 A 企业财务报表中的数据，经计算得出：A 企业 2020 年末和 2019 年末速动比率均为 1.13，较为稳定，并且优于行业平均水平。速动比率越高，表明企业在极短时间内将资产变现以偿还短期债务的能力越强。从经验来说，速动比率为 1 较好，表明企业的每 1 元短期债务都有 1 元易于变现的速动资产作保障。

（二）分析非流动资金适应性

反映企业非流动的资产结构和资产配置是否适当的指标主要有固定比率、固定长期适合率等。

1．固定比率

固定比率是指固定资产净值（我国的资产负债表中，固定资产项目反映的就是固定资产净额，是固定资产原始价值减去累计折旧，再减去固定资产减值准备后的差额）与所有者权益之间的比值，用于分析企业固定资产与来源的配置是否适当的指标。计算公式为：

$$固定比率 = \frac{固定资产净值}{所有者权益} \times 100\%$$

固定资产资金收回的期限一般约等于固定资产的折旧年限（A 企业的固定资产折旧年限从 3 年到 20 年不等），从资金来源方面看，比较匹配的应该是稳定性好的权益资金。如果固定比率等于 100%，即固定资产净值等于所有者权益，表示企业的自有资金恰好可以满足购置固定资产的需要；如果固定比率小于 100%，即固定资产净值低于所有者权益，表示企业的自有资金比较充裕，除了满足购置固定资产的需要外，还可以用在企业经营的其他方面，而这种资产结构意味着企业的偿债能力较强。

固定比率指标在轻工业企业和商业零售企业应用较为广泛。这类企业的固定资产比重较小，金额较低，因此对长期资金来源的要求不高，企业的自有资金应该可以满足购置固定资产的需要，不必动用长期负债或其他资金来源。

沿用 A 企业财务报表中的数据，计算得出 A 企业 2020 年的固定比率，见表 6-8。

表 6-8   A 企业 2020 年固定比率计算表

项目	2020 年 12 月 31 日	2019 年 12 月 31 日
固定资产（元）	761,802,856.46	774,512,614.38
所有者权益（元）	3,112,964,303.36	2,485,383,359.77
固定比率（%）	24.47	31.16
固定比率行业均值（%）	36.83	37.94

通过计算得出，A 企业 2020 年的固定比率为 24.47%，低于行业均值，说明该企业以 24.47% 的自有资金就可以满足购置固定资产的需要，固定资产的资金来源较为稳健。

2．固定长期适合率

固定长期适合率是指固定资产净值与长期资本（包括长期负债和所有者权益）之间的比值，该指标可作为固定比率的补充指标，可以说明企业资产的来源与配置是否合理。计算公式为：

$$固定长期适合率 = \frac{固定资产净值}{长期资本} \times 100\%$$

$$= \frac{固定资产净值}{长期负债 + 所有者权益} \times 100\%$$

如果固定长期适合率等于100%，即固定资产净值等于长期资本（即长期资金来源），表示企业的长期资本恰好可以满足购置固定资产的需要；如果固定长期适合率小于100%，即固定资产净值低于长期资本，则表示企业的长期资本除了满足购置固定资产的需要外，还可以用在企业经营的其他方面。

固定长期适合率在重工业和资本密集型企业中应用得比较多，因为这类企业的固定资产规模大，需要的资金多，自有资金不能完全满足购置固定资产的需要，不足部分必须依靠长期负债解决。一般而言，固定长期适合率不宜超过100%，也就是说不宜以短期负债来补充购置固定资产所需要的资金，因为如果这样做，企业的偿债压力比较大。

沿用A企业财务报表中的数据，经计算得出固定长期适合率，见表6-9。

表6-9　A企业2020年固定长期适合率计算表

项目	2020年12月31日	2019年12月31日
固定资产（元）	761,802,856.46	774,512,614.38
长期负债（元）	0	4,105,544.72
所有者权益（元）	3,112,964,303.36	2,485,383,359.77
固定长期适合率（%）	24.47	31.11
固定长期适合率行业均值（%）	30.99	31.75

A 企业 2020 年无长期负债，固定长期适合率也小于 100%，说明企业的长期资金完全可以满足购置固定资产的需要，但和 2019 年相比，2020 年虽然没有长期负债，但所有者权益的贡献程度有很大提高，固定长期适合率所体现的长期资金来源更充足。

通过以上两个指标的计算结果可知：A 企业 2020 年固定资产净值略有下降，长期资金增加超过 6 亿元。这种增长关系表明 A 企业基本是用短期资金来购建短期资产，用长期资金来购建长期资产，没有出现"短借长投"的情况。根据这种匹配关系可知，A 企业资本的期限结构与其资产结构基本相适应，表明企业的资本结构质量较好。

二、分析企业的资本结构

负债与所有者权益之间存在此消彼长的关系，这种关系决定了企业资本结构的变化情况。合理的负债能使企业产生规模效益和财务杠杆效益，促进企业的资金流动，有助于企业发展。但是过度负债会加大企业的财务风险，而权益资本——投资者投入的资本金具有的财务风险较小。因此，负债与所有者权益的比率关系，极大程度上决定了企业资本结构的质量。而分析负债与所有者权益比率是否合理主要通过资产负债率和产权比率进行衡量。

（一）资产负债率

资产负债率是指企业负债总额与资产总额之间的比例关系，该指标反映企业资产总额中以借贷的方式筹集的资金所占的比例，可用于衡量企业利用债权人资金的能力，同时也反映企业在清算时对债权人利益的保护程度。资产负债率越低，越说明企业有足够的支付能力和偿债能力。但资产负债率过低则意味着企业运用外部资金的能力较差，尤其在流动负债中的应付账款、预收账款属于企业能够无偿使用的供应商或者客户的资金，拥有合理的资产负债率是企业竞争力强的表现。而资产负债率越高，则说明企业通过借债取得的资产越多，风险越大。因此，资产负债率应保持在一定的水平为佳。根据所处行业的不同，将资产负债率控制在合理区间比较好（一般为 40%~60%）。房地产、金融行业一般来说资产负债率比较高。A 企业 2020 年资产负债率计算见表 6-10。

表 6-10　A 企业 2020 年资产负债率计算表

项目	2020 年 12 月 31 日	2019 年 12 月 31 日
资产总计（元）	6,162,353,381.76	4,332,090,968.40
负债合计（元）	3,049,389,078.40	1,846,707,608.63
资产负债率（%）	49.48	42.63
资产负债率行业均值（%）	55.79	56.36

由表 6-10 可知，A 企业近 2 年的资产负债率保持在 50% 以下，处于稳定的状态。经过对 224 个样本企业的数据进行总体计算，资产负债率的行业均值为 55% 左右，这证明 A 企业的负债资金利用得较为合理，风险小，具有较强的融资潜力。结合第五章中的筹资战略分析，上述计算得出的数据也支持 A 企业的财务资源主要来自其经营性负债和留存收益这一结论，也就是：A 企业资产负债率低于行业均值，但是却充分利用了应付账款等供应商的资金，这是其竞争力强的表现。

（二）产权比率

产权比率是债权人权益和所有者权益两个部分之间的对比关系，即负债总额与所有者权益总额的比值（即：产权比率 = 负债总额 ÷ 所有者权

益 ×100%），反映债务资本与股东权益资本的比值。产权比率与资产负债率之间可以进行推导和换算，比如，资产负债率 50% 的时候产权比率为 100%。产权比率表示来自债权人的投入和来自所有者的投入之间的比例，该指标越低，表明企业权益资本来源部分越大，企业基本财务结构越稳定，财务风险越低。

不同行业企业的产权比率标准值也不相同，A 企业 2020 年产权比率计算见表 6-11。

表 6-11　A 企业 2020 年产权比率计算表

项目	2020 年 12 月 31 日	2019 年 12 月 31 日
负债合计（元）	3,049,389,078.40	1,846,707,608.63
所有者权益（元）	3,112,964,303.36	2,485,383,359.77
产权比率（%）	97.96	74.30
产权比率行业均值（%）	126.19	129.13

从产权比率来看，A 企业 2019 年、2020 年该指标保持在 100% 以下及 100% 左右，且都低于行业均值，表明其资本结构较为稳健。

负债中有一部分是无息负债，如预收账款、应付票据和应付账款。如果将还本付息的义务考虑进来，则更能准确衡量财务风险的是净财务杠杆，该指标是净负债与股东权益的比率（即：净财务杠杆 = 净负债 ÷ 股东权益）。净负债是管理用资产负债表中的金融性负债扣减金融性资产的差额（具体数据见第五章中的表 5-11），考虑的是有息负债部分。如果有息负债无法偿还，企业将面临现金流断裂的风险。该指标大于 1 时，风险偏大。A 企业 2020 年净财务杠杆计算见表 6-12。

表 6-12　A 企业 2020 年净财务杠杆计算表

项目	2020 年 12 月 31 日	2019 年 12 月 31 日
净负债（元）	−249,960,755.29	−275,521,298.80
所有者权益（元）	3,112,964,303.36	2,485,383,359.77
净财务杠杆	−0.08	−0.11

从上述数据可以看出，A 企业金融负债的金额远低于所有者权益的金额，是稳健经营的企业。

第三节　诊断资本保全能力

本书所说的资本结构是指股东权益与长期负债的比例关系，企业的资本保全能力可体现出企业的所有者权益和负债（债权人权益）受保障的程度。

一、所有者权益的保全能力分析

一般利用资本保值增值率来衡量、分析资本保全能力，也就是：资本保值增值率 = 年末所有者权益 ÷ 年初所有者权益 × 100%，主要衡量的是投资者投入的资本保持完整即足额补偿之后的增值幅度，反映了投资者投入资本的保全性和增长性。资本保值增值率越高，表明所有者权益保全状况越好、所有者权益增长越快以及债权人的债务越有保障，表明企业可持续发展能力越强。

而综合收益的计量是以净资产保全为基础，因为综合收益是会计期间内扣除所有人投资和所有人派得后，期末净资产金额大于期初净资产的金额，本书用综合收益作为净资产的净增加额，计算公式为：

$$资本保值增值率 = \frac{期初净资产 + 本期综合收益}{期初净资产} \times 100\%$$

A 企业 2020 年资本保值增值率计算表见表 6-13。

表 6-13　A 企业 2020 年资本保值增值率计算表

项目	2020 年 12 月 31 日	2019 年 12 月 31 日
所有者权益（元）	3,112,964,303.36	2,485,383,359.77
综合收益总额（元）	617,519,246.82	118,558,751.70
资本保值增值率（%）	124.85	—
资本保值增值率行业均值（%）	112.69	—

从表 6-13 来看，A 企业 2020 年资本保值增值率的 124.85%，表明在资本保全的基础上企业新增加的所有者权益价值超过 20%，且资本保值增值率高于行业均值，表明企业的资本保全状况良好。结合第五章中的筹资战略分析，上述计算后得出的数据仍支持 A 企业的财务资源来自扣除经营性负债之后的留存收益和投入资本这一结论，这对于留存收益和投入资本的归属方——股东而言，很好地实现了资本增值。

二、负债的保全能力分析

（一）流动负债的保全能力分析

流动资金适应性分析所用指标都是根据某一特定时点的资产和负债数额计算的，属于静态指标，只反映企业在报告期末的状况，不能反映企业某段时期内动态的偿债能力。为了解决这一问题，可以用经营活动产生的现金净流入量，也就是经营活动现金净流量与流动负债平均余额进行对比，计算经营现金净流量比率。这一指标反映企业通过经营活动取得的现金净流入量对流动负债的保障程度，从现金流量的角度考察企业的短期偿债能力。计算公式为：

$$经营现金净流量比率 = \frac{经营活动现金净流量}{流动负债平均余额} \times 100\%$$

由于公式的分子所用数据来自现金流量表中的"经营活动产生的现金流量净额"，是企业全年经营活动所取得的现金净流入量，属于时期指标，因此分母中的流动负债不能直接用资产负债表中的年末数，而应该用全年平均数。流动负债全年平均余额代表年度内企业流动负债余额的平均值，计算公式为：

$$流动负债平均余额 = \frac{年初流动负债 + 年末流动负债}{2}$$

A 企业 2020 年经营现金净流量比率计算表见表 6-14。

表 6-14　A 企业 2020 年经营现金净流量比率计算表

项目	2020 年 12 月 31 日	2019 年 12 月 31 日
经营活动现金净流量（元）	1,196,800,835.51	261,594,219.37
流动负债（元）	3,038,632,338.41	1,832,401,933.39
经营现金净流量比率（%）	49.14	—
经营现金净流量比率行业均值（%）	16.52	—

负债需要用现金偿还，而经营活动产生的现金净流入量是偿还负债的真正来源，经营活动现金净流入量越大，企业内部可用于偿还流动负债的现金越充分。根据经验，一般认为该指标保持在 40% 以上时较好，说明企业的短期偿债能力较强。从表 6-14 来看，A 企业 2020 年经营现金净流量比率超过 40%，该指标高于行业均值一倍还多，表明 A 企业流动负债保全状况良好，有充足的现金支付短期的债务。

（二）非流动负债的保全能力分析

非流动负债的保全能力分析需要从长期的角度进行收益和负债的对比分析。企业利润越多，可用于偿债的资金就越多，企业的长期偿债能力就越强。从盈利能力角度评价企业非流动负债保全能力的指标主要有利息保障倍数。从现金流量的角度考察企业的整体偿债能力的话，可以计算经营现金流量与负债总额之比。

1．利息保障倍数

利息保障倍数这一指标主要用于衡量企业的经营收益偿付借款利息的能力。这里所说的经营收益指的是不考虑利息费用的税前利润，通常称为息税前利润，由利润总额和利息费用两部分组成。利息保障倍数计算公式如下：

$$利息保障倍数 = \frac{息税前利润}{利息费用}$$

$$= \frac{利润总额 + 利息费用}{利息费用}$$

财政部于 2018 年 6 月 15 日发布了《关于修订印发 2018 年度一般企业财务报表格式的通知》。自 2018 年起，在"财务费用"项目下增加"利息费用"和"利息收入"明细项目，于是，可直接利用利润总额加利息费用计算出息税前利润。

上述公式中的利息费用是指企业实际发生的全部利息，不仅包括计入本期财务费用的利息，还包括计入存货、固定资产等资产成本的资本化利息。原因在于，不论利息费用是否列入利润表，企业终究是要偿还的，都是企业实际负担的费用。

运用利息保障倍数这一指标评价企业的长期偿债能力，指标的数值至少应该大于1。如果利息倍数等于1，说明企业的经营收益刚好相当于借款利息，但是否有能力支付利息，还要看企业的现金流量。A企业2020年利息保障倍数计算见表6-15。

表6-15　A企业2020年利息保障倍数计算表

项目	2020年12月31日	2019年12月31日
利润总额（元）	731,594,530.41	144,427,407.93
利息费用（元）	7,624,097.24	8,506,272.71
利息保障倍数	96.96	17.98
利息保障倍数行业均值	9.96	7.01

经计算得出，A企业2020年利息保障倍数指标比较高，为及时偿付利息提供了保障，尤其是2020年A企业利润较高，所以利息保障倍数非常高。需要注意的是，根据利息保障倍数评价企业的偿债能力时，要结合行业特点进行考虑。本书在计算利息保障倍数的行业均值时，剔除了利润为负的企业，得到的计算结果为：2020年利息保障倍数行业均值为9.96、2019年的为7.01，相较而言，A企业的非流动负债的利息支付、保全能力非常好。

2．经营现金流量与负债总额之比

将经营现金流量与负债总额进行对比，可以了解企业每年的经营活动产生的现金净流入量偿付所有债务利息的能力。该指标越大，表明企业经营活动产生的现金净流量越能保障企业偿付债务。但是，该指标也不是越大越好，指标过大则表明企业经营活动现金净流入量利用不充分，获利能力不强。计算公式为：

$$经营现金流量与负债总额之比 = \frac{经营活动现金净流量}{负债总额平均余额} \times 100\%$$

该比率越高，说明企业偿付债务总额的能力越强。根据经验认为，该比率维持在 20% 左右时较好。A 企业 2020 年经营现金流量与负债总额之比计算见表 6-16。

表 6-16　A 企业 2020 年经营现金流量与负债总额之比计算表

项目	2020 年 12 月 31 日	2019 年 12 月 31 日
经营活动现金净流量（元）	1,196,800,835.51	261,594,219.37
负债合计（元）	3,049,389,078.40	1,846,707,608.63
经营活动现金净流量与负债总额之比（%）	48.89	—
经营活动现金净流量与负债总额之比行业均值（%）	13.38	—

从经营活动现金净流量的角度看，A 企业的偿债能力比较理想，每100 元的负债有 48.89 元的经营活动现金净流量作为偿还的保障，远高于

13.38 元的行业平均水平。将该指标与市场利率或企业的实际负债利率对比，可以了解企业的最大付息能力。以 2020 年为例，即使市场利率高达10%，A 企业仍然能够按期支付利息，而只要能够按期付息，就能够借新债还旧债，维持现有的负债规模，不存在偿还本金的压力。

第 **7** 章

衡量企业利润水平

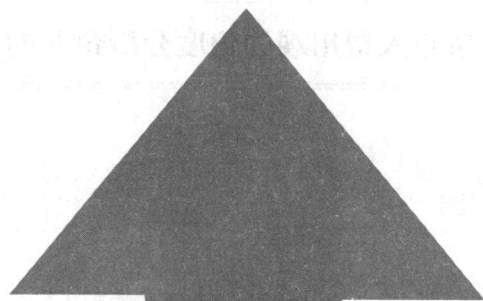

本章主要通过利润表中的项目来分析企业利润的实现过程。盈利能力是指企业运用其拥有的资本和资产进行经营，从而创造利润的能力。财务会计确认和计量的理念经历了早期簿记时代的原始资产负债观以及收入费用观，我国长期以来适用收入费用观这一会计理念，但在决策有用观的会计目标之下，又回归到资产负债观。本章的第一节和第二节分别从收入费用观和资产负债观两个角度对企业的盈利能力进行分析。

第一节　从收入费用观的角度分析企业的盈利能力

一、基本思路

收入费用观是按照权责发生制原则（应计基础）确认收入和费用，企业（商品经营）的盈利能力主要通过营业利润及利润率等指标来加以分析与评价。按照现行《企业会计准则》所规定的利润表披露标准，利润表从营业收入出发，依次分步计算营业利润、利润总额、净利润这三大利润结构。通过计算简单的比率以及进行规模比较，可以做出初步的方向性判断。

二、营业收入的行业竞争性

营业收入是企业利润的重要来源，因此，分析营业收入规模和结构，可以判断收入来源是否属于企业核心产品收入，以及收入规模在行业中所处的地位如何。计算产品毛利率（毛利占营业收入的百分比）可以分析企业产品是否具有竞争力。

（一）主营业务的核心性分析

企业的主营产品或主营业务集中体现了企业的核心竞争力，即使企业为了分散经营风险或延伸价值链而扩大对外投资的规模，也需要建立在主营业务具有核心竞争力的基础上。因此，分析企业主营业务收入和主营业务利润是否具有核心性，有助于财报使用者对企业是否具有核心竞争力进行判断。A 企业 2020 年年报营业收入情况见表 7-1。

表 7-1　A 企业 2020 年年报营业收入情况（按业务统计）

项目	本期发生额		上期发生额	
	收入（元）	占比（％）	收入（元）	占比（％）
主营业务	7,056,198,870.43	97.55	5,193,533,484.64	97.77
其他业务	177,557,628.21	2.45	118,660,789.96	2.23
合计	7,233,756,498.64	100.00	5,312,194,274.60	100.00

A 企业 2019、2020 年主营业务收入的占比超过 95%，具有绝对优势。2020 年其他业务在规模和占比方面与前一年相比有所上升，但从主导业务的占比来看，其影响不大。

按模块统计的 A 企业 2020 年年报营业收入情况如表 7-2。

表 7-2　A 企业 2020 年年报营业收入情况（按模块统计）

项目	营业收入（万元）	营业收入占比（%）	营业收入较上年同期变化（%）
品牌服务机器人	423,553.93	58.55	17.30
服务机器人 ODM	6,927.75	0.96	57.25
服务机器人业务合计	430,481.68	59.51	17.79
品牌智能生活电器	125,912.67	17.41	361.64
清洁类电器 OEM/ODM	149,225.51	20.63	17.87
智能生活电器业务合计	275,138.18	38.04	78.81
其他业务收入	17,755.79	2.45	49.63
合计	723,375.65	100.00	36.17

　　根据 A 企业 2020 年年报，品牌服务机器人销售收入达 42.36 亿元，占全部收入的 58.55%，较上年上升 17.30%。品牌智能生活电器实现销售收入 12.59 亿元，占全部收入的 17.41%，较上年增长 361.64%。企业的主要支柱为两大自有品牌，这两大自有品牌的业务合计占企业报告期收入的 75.96%，较上年的 73.1% 提升 2.86 个百分点。可以看出，这两大自有品牌的业务具有绝对优势和潜力。

（二）主营业务的收入和成本匹配性分析

　　根据公式"毛利＝营业收入－营业成本"来分析。在营业收入一定的情况下，若内部成本管控得好，则产品毛利率高。在此基础上，继续分析 A 企业主营业务在行业、产品以及地区分类中的收入、成本和毛利率情况，见表 7-3。

表 7-3　A 企业 2020 年年报主营业务在行业、产品以及地区分类中的情况

	营业收入（元）	营业成本（元）	毛利率（%）	营业收入比上年增减（%）	营业成本比上年增减（%）	毛利率比上年增减（%）
主营业务分行业情况						
行业						
家电行业	7,233,756,498.64	4,133,642,745.25	42.86	36.17	26.10	增加 4.57 个百分点
主营业务产品情况						
产品						
服务机器人	4,304,816,826.91	2,238,199,444.57	48.01	17.79	11.07	增加 3.15 个百分点
智能生活电器	2,751,381,786.87	1,750,064,752.10	36.39	78.81	50.86	增加 11.78 个百分点
其他产品	177,557,884.86	145,378,548.58	18.12	49.63	41.38	增加 4.78 个百分点

（续表）

产品	营业收入（元）	营业成本（元）	毛利率（%）	营业收入比上年增减（%）	营业成本比上年增减（%）	毛利率比上年增减（%）
合计	7,233,756,498.64	4,133,642,745.25	42.86	36.17	26.10	增加 4.57 个百分点

主营业务地区情况

地区	营业收入（元）	营业成本（元）	毛利率（%）	营业收入比上年增减（%）	营业成本比上年增减（%）	毛利率比上年增减（%）
境内	3,855,152,942.05	2,146,165,967.15	44.33	37.27	32.05	增加 2.2 个百分点
境外	3,378,603,556.59	1,987,476,778.10	41.17	34.95	20.2	增加 7.18 个百分点
合计	7,233,756,498.64	4,133,642,745.25	42.86	36.17	26.10	增加 4.57 个百分点

从以上数据可以看出，2020 年 A 企业整体毛利率为 42.86%，较上年增加 4.57 个百分点。利用国泰安的基础数据，经过计算，"电气机械和器材制造业"行业毛利率 2020 年为 23.58%，2019 年为 25.21%。将 A 企业的数据与行业均值对比后可知，A 企业的产品很有竞争力。

从产品和地区来看，智能生活电器业务产品的毛利率水平比服务机器人的低，但和 2019 年相比增加幅度大；境外业务产品的毛利率水平比境内业务产品的低，但和 2019 年相比，增加幅度大。

关于主营业务在行业、产品以及地区方面的情况，A 企业年报附注提示：由于公司自 2020 年 1 月 1 日起执行新收入准则，公司 2020 年营业成本的统计口径较 2019 年及以前年度发生变化，2020 年将运输费调整至营业成本，金额同比增加 1.86 亿元，2019 年的营业成本不进行追溯调整。若按照调整前口径统计，公司 2020 年总体毛利率为 45.43%，调整后为 42.86，总体影响为 2.57 个百分点。也就是说，如果按照 2019 年的统计口径，2020 年的毛利率可以达到 45.43%。

三、利润的赚取能力分析

利润的赚取能力分析是指分析商品经营产生的收入以及与其相对应的利润百分比。计算企业的利润赚取能力指标——营业利润率（营业利润占营业收入的百分比）和净利润率（净利润占营业收入的百分比）时需要关注以下方面。

（一）期间费用的合理性

期间费用是计算利润时的扣减项目，期间费用如果超出合理范畴将会影响企业的利润水平。对于销售费用和管理费用而言，在企业的产品结构、销售规模、营销策略、组织结构、管理风格以及管理手段等方面变化不大的情况下，其发生规模应基本保持稳定。若两项费用在年度间出现巨额变化，则很可能是会计调整的结果。因此可以通过销售费用率（销售费用占营业收入的百分比）和管理费用率（管理费用占营业收入的百分比）的变化情况来初步判断两项费用开支的合理性和有效性。A 企业 2020 年销售费用和管理费用及占比情况见表 7-4。

表 7-4　A 企业 2020 年销售费用和管理费用及占比情况

项目	本期发生额		上期发生额	
	金额（元）	占比（%）	金额（元）	占比（%）
销售费用	1,560,704,816.81	21.58	1,231,776,009.92	23.19
管理费用	371,244,325.38	5.13	328,849,972.33	6.19
研发费用	338,019,839.75	4.67	277,334,497.36	5.22
营业收入	7,233,756,498.64	100.00	5,312,194,274.60	100.00

财政部于 2018 年 6 月 15 日发布了《关于修订印发 2018 年度一般企业财务报表格式的通知》，自 2018 年起，"研发费用"（原属于"管理费用"项目）在利润表中单独列示。从表 7-4 中数据的变化情况来看，2020 年 A 企业的费用管控较为有效，销售费用、管理费用、研发费用这三项费用占营业收入的比例都有所降低，对利润率的贡献程度有所提高。财报使用者需要特别关注的是，研发费用在财报中单独披露后，要关注研发投入对企业业绩和价值的影响。

对于财务费用而言，其规模变化与企业的产品结构、销售规模、营销策略等方面不存在正相关的关系，而是更多地受贷款规模、贷款利率和贷款环境等外部因素的影响。因此，一般根据财务报表附注（以 A 企业为例，见表 5-12，A 企业 2020 年年报财务费用项目注释）计算财务费用中构成项目的规模变化，以分析企业的资金状况。

（二）盈利能力的可持续性

　　企业现有经营模式稳健，主要产品或服务的市场前景良好，盈利能力具有可持续性，在利润表中表现为在利润总额中营业利润所占的比重较大，并且呈现上升的趋势。

　　随着相关会计准则的修订，自 2017 年起，利润表的列报中增设"其他收益"项目，用于核算与企业日常活动相关的政府补助（原属于"营业外收入"项目），将其从非经常性损益中剥离出来，并入营业利润；增设"资产处置收益"项目，用于核算出于某种目的处置的非流动资产的损益，也将其从非经常性损益中剥离出来，并入营业利润；利润表中的"净利润"细分为"持续经营净利润"和"终止经营净利润"。自 2018 年起，利润表中的"资产减值损失"不再包括"信用减值损失"，而是将后者单独披露，包括应收款项及合同资产减值损失和贷款减值损失。这些项目列报方式的变化，给财报使用者带来极大的便利，可以更清晰地看出营业利润及营业利润率年度间的"非经营性变化"，剖析企业盈利是否具有可持续性。

　　此外，还需要关注"资产减值损失"项目的规模大小。在企业正常的经营活动中，资产出现减值属于常规风险，为了提升企业资产在未来的盈利潜力，应该适时增加优良资产，适时处置或者售出不良资产，从而实现企业资产的保值和增值。因此，该项目在利润表中单独披露，可供财报使用者分析、判断企业可能存在的资产管理质量问题以及是否存在营业利润不可持续的可能。A 企业 2020 年营业利润率情况见表 7-5。

表 7-5　A 企业 2020 年营业利润率情况

项目	本期发生额		上期发生额	
	金额（元）	占营业收入比例（%）	金额（元）	占营业收入比例（%）
营业收入	7,233,756,498.64	100.00	5,312,194,274.60	100.00
其他收益	66,441,417.80	0.92	17,813,884.64	0.34
信用减值损失	−13,575,593.72	−0.19	−577,350.26	−0.01
资产减值损失	−92,874,350.23	−1.28	−31,422,145.92	−0.59
资产处置收益	2,218,531.15	0.003	−338,454.59	−0.01
营业利润	727,526,451.15	10.06	140,966,657.49	2.65
净利润	643,984,795.29	8.90	121,262,131.55	2.28
营业利润行业均值	888,105,475.96	10.04	792,602,350.11	8.35
净利润行业均值	753,927,679.02	8.58	671,882,801.12	8.00

　　根据 A 企业 2020 年年度报告，其他收益、信用减值损失、资产减值损失、资产处置收益在 2020 年、2019 年占营业收入的比例都没有超过 2%，证明利润来自于经营性利润。另外 2020 年的营业利润率和净利润率分别为 10.06% 和 8.9%，较 2019 年有大幅度提高，分别提高 7.4 个百分点和 6.6 个百分点。计算行业均值时，2020 年剔除净利润是负数的，剩余 197 家企业，剔除营业利润是负数的，剩余 195 家企业；2019 年剔除净利润是负数的，剩余 197 家企业，剔除营业利润是负数的，剩余 194 家企业。2020 年营业利润率和净利润率的行业均值计算结果分别为 10.04% 和 8.58%，且 A 企业的相关数据略高于行业均值。

　　营业外收支项目对利润的影响是非经常、偶发的，不具有可持续性，因此，可继续考察营业外收支项目在利润总额中所占比重，来判断企业盈利能力的可持续性，如表 7-6。

表 7-6　A 企业 2020 年营业外收支项目在利润总额中所占比重情况

项目	本期发生额		上期发生额	
	金额（元）	占利润比例（%）	金额（元）	占利润比例（%）
营业外收入	5,172,858.77	0.71	6,638,819.06	4.60
营业外支出	1,104,779.51	0.15	3,178,068.62	2.20
利润总额	731,594,530.41	100.00	144,427,407.93	100.00

可以看出，A 企业 2019、2020 年营业外收支项目对利润的影响也非常有限，并且 2020 年的营业外收支项目在利润总额中所占比重较 2019 年有所降低，进一步验证了其盈利能力具有可持续性。

根据 2017 年发布的《财政部关于修订印发一般企业财务报表格式的通知》，编制 2017 年度及以后的财务报表时，净利润项目下按经营持续性分类，将企业净利润分为"持续经营净利润"和"终止经营净利润"。终止经营净利润反映的是企业处置已经划分为持有待售资产或负债，或者处置计划终止经营的业务部分或子公司所带来的净利润或亏损，除此之外的净利润为持续经营净利润。A 企业 2020 年持续经营净利润情况见表 7-7。

表 7-7　A 企业 2020 年持续经营净利润情况

项目	本期	上期
持续经营净利润（元）	643,984,795.29	121,262,131.55
净利润（元）	643,984,795.29	121,262,131.55
持续经营净利润占比（%）	100.00	100.00

在财报中单独披露持续经营净利润，这给财报使用者带来了极大的便利，可以直接计算持续经营净利润占比。该指标越高，代表企业的盈利能力越有可持续性。A 企业的该指标很理想，达到了 100%。由此可以看出 A 企业在 2019、2020 年净利润和持续经营净利润相等，企业"终止经营净利润"没有发生额，整体都属于继续经营并创造利润的部分。

第二节　从资产负债观的角度分析企业的盈利能力

一、基本思路

资产负债观认为企业所报告的业绩是扣除当期资本交易后期末与期初资产和负债计价变化的结果，即根据交易和事项引发的资产负债变化来确认收益，编制出全面收益表或者是业绩报告，即不考虑当期资本交易，依据所有者权益（净资产）的变化来确定企业一定期间实现的收益。由此可以看出，资产负债观下收益的计量以净资产保全（资本保全）为基础，只有在原资本已得到维持或成本已经弥补之后，才能确认损益。相较于收入费用观，资产负债观与未来决策相适应，资产负债按现值计价，报表要素的确认遵循实质重于形式的原则，资产负债观更有助于实现决策有用观的会计目标。

在根据收入费用观确认的收入和费用基础上，其他综合收益的提出解决了未实现利得和损失的确认和计量问题，也暂时解决了混合计量模式下不同属性的收益的列报问题，意味着传统会计收益向真实收益靠拢的会计理念的变革。

《企业会计准则》中并未使用综合收益的概念，仅在基本准则第五章中关于所有者权益的来源，提出"直接计入所有者权益的利得和损失"，并在所有者权益变动表中进行披露。我国财政部于 2009 年发布的《企业会计准则解释第 3 号》第七条规定：企业应当在利润表 "每股收益" 项下增列 "其他综合收益" 项目和 "综合收益总额" 项目，"直接计入所有者权益的利得和损失" 演变成 "其他综合收益"，综合收益的概念解释和总括收益观的披露开始出现。根据我国财政部 2014 年 1 月 26 日发布的《企业会计准则第 30 号——财务报表列报》(财会〔2014〕7 号)，对所有执行《企业会计准则》的企业财务报表格式进行了修订，增加了 "其他综合收益各项目分别扣除所得税影响后的净额"（2018 年财会〔2018〕15 号文件修订为 "其他综合收益的税后净额"），从而在利润表列报 "综合收益" 的金额。该文件指出，综合收益是企业在某一期间除与所有者以其所有者身份进行的交易之外的其他交易或事项所引起的所有者权益变动，这意味着资产负债表、利润表以及所有者权益变动表在资产负债观下实现了互动。

目前我国资产负债观下的综合收益由三部分构成：一是等同于收入费用观下已确认且已实现的损益；二是已确认列入当期损益但未实现的资产负债持有损益；三是已确认列入资产负债表中所有者权益部分但未实现的资产负债持有的利得和损失，即其他综合收益。

二、综合盈利能力分析

综合收益由收入、费用、利得以及损失构成，按净利润加其他综合收益的方式列报。净利润计量主要按收入费用观列报，但也有公允价值变动损益等资产负债观的成分，其他综合收益则按资产负债观列报。净利润没有包括企业的全部价值创造信息，且 "其他综合收益" 项目进行了补充，故本书将净资产收益率进行拓展，以综合收益为分子项，计算净资产综合收益率。A 企业 2020 年综合收益相关指标见表 7-8。

表 7-8　A 企业 2020 年综合收益相关指标

项目	本期	上期	增减（％）
净利润（元）	643,984,795.29	121,262,131.55	431.07
其他综合收益（元）	−26,465,548.47	−2,703,379.85	878.98
综合收益（元）	617,519,246.82	118,558,751.70	420.86
其他综合收益 / 综合收益（％）	−4.29	−2.28	87.96
净资产（元）	3,112,964,303.36	2,485,383,359.77	25.25
净资产收益率（％）	23.01	—	
净资产收益率行业均值（％）	11.83	—	
净资产综合收益率（％）	22.06	—	

　　由表 7-8 可以看出，A 企业净利润和综合收益水平总体在上升，企业所有活动创造的价值总量在增加。对于综合收益，应该明确经营部分和投资增值部分的比重，即净利润和其他综合收益的比重，以提供更加直观的会计信息。表 7-8 中，其他综合收益与综合收益的比值表示的是其他综合收益对综合收益的影响，其他综合收益带来的是负向影响，导致 2019、2020 年这两年综合收益的增长幅度略低于净利润增长幅度。

　　计算了净资产收益率和净资产综合收益率后，进行对比分析。受其他综合收益的负向影响，2020 年净资产综合收益率（22.06%）低于净资产收益率（23.01%），综合收益则提供了更完整的估值信息。和 11.83% 的行业均值相比，A 企业 2020 年净资产收益率为 23.01%，对于股东拥有的净资产而言，收益水平比较理想。

第三节　衡量利润的质量

利润的数值很重要，利润的结构同样重要。从利润的质量角度出发，对利润的结构进行分析时，重点观察两方面：一是企业选择不同的战略会形成不同的资产结构，产生不同的盈利模式，因而利润结构与资产结构的吻合度可以在一定程度上体现出企业战略的实施效果；二是在权责发生制下形成的利润是否具有可支配性，即利润应以能带来相应的现金流量作为结果。所以本节以利润结构为分析起点评价企业的利润质量：将利润表与资产负债表联系在一起，分析利润结构与资产结构的匹配度；将利润表与现金流量表联系在一起，分析利润结构与现金流量结构的趋同性。

按照现行《企业会计准则》所规定的利润表披露标准，利润表可以分为营业利润、投资收益以及营业外收入三大利润结构。

一、核心利润的概念

为了更好地衡量利润的质量，首先引入核心利润的概念。如果说毛利是衡量企业产品竞争力的指标，那么期间费用的高低则提示企业管控费用的能力，而核心利润就是毛利扣减营业税金、期间费用后的部分，是企业利用经营资产从事自身经营活动所产生的直接利润，计算公式为：

核心利润＝营业收入－营业成本－税金及附加－销售费用－管理费用－研发费用－财务费用

核心利润与营业利润在计算口径方面稍有变化，核心利润剔除了减值损失项目的影响。引入核心利润这一概念，有利于分析资产负债表、利润表和现金流量表之间的内在逻辑关系。按照现行《企业会计准则》，"营业利润"这一概念包含的内容有所扩大，将投资收益纳入营业利润的范围。对于一般企业而言，企业的对内经营资产、核心利润和经营活动产生的现金流量净额之间存在着必然的联系。而将营业利润的范围扩大以后，这种关系变得较为模糊。这样一来，在对企业的盈利模式进行分析时，核心利润的确定尤为必要。

需要注意的是，核心利润剔除了减值损失。这是因为，减值损失这个项目本质上属于会计估计事项，且属于未实现的资产持有损失，并未真正引起企业现金流出。因此，构建出"核心利润"项目，更便于与相应的经营资产以及经营活动产生的现金净流量进行比较。

A企业2020年核心利润的计算结果见表7-9。

表7-9　A企业2020年核心利润计算表

项目	本期（元）	上期（元）	增减（%）
营业收入	7,233,756,498.64	5,312,194,274.60	36.17
营业成本	4,133,642,745.25	3,278,045,801.11	26.10
税金及附加	54,001,873.69	36,895,129.52	46.37
销售费用	1,560,704,816.81	1,231,776,009.92	26.70
管理费用	371,244,325.38	328,849,972.33	12.89
研发费用	338,019,839.75	277,334,497.36	21.88
财务费用	63,458,275.93	4,598,554.26	1279.96
核心利润	712,684,621.83	154,694,310.10	360.71
利润总额	731,594,530.41	144,427,407.93	406.55
核心利润/利润总额（%）	97.42	107.11	-9.05

从表 7-9 可以看出，2020 年 A 企业将营业成本和费用管控得较好，营业收入大幅度增加，使得核心利润大幅度增加。A 企业的核心利润对利润的贡献度较高，经营的产品具有一定的市场竞争力。这一结论也和第五章中对于 A 企业财务战略的分析结论相呼应。A 企业采用的是以经营为主导的运营战略，从而提高了自身对核心利润的赚取能力。下一步将会继续探讨对内经营性资产和对外权益性投资的增值情况。

二、利润结构的资产增值质量分析

形成利润需要占用资产，要想了解总体资产的综合收益水平，一般的方法是计算总资产报酬率，公式为：

$$总资产报酬率 = 息税前利润 \div 平均总资产 \times 100\%$$

对于这一指标，在第六章已经进行过测算和分析。而关注利润结构的资产增值质量，就是要对利润结构与资产结构的匹配性进行分析与评价。

资产负债观要求关注资产的真实价值，只有在价值真实的前提下净资产得以增加，才能表明企业财富的真实增加，它更加强调企业资产的质量，而不是单纯地强调企业实现多少利润。按照《企业会计准则》所确定的利润的定义，资产增值质量应该是建立在资产真实价值基础上的资产利用效果的最终体现，应该更加体现企业资产在价值转移、处置以及持有过程中的增值质量。因而，在《企业会计准则》下，利润质量与资产质量更加密切相关，资产增值将成为企业投资人、经营管理者以及其他利益相关人士共同追求的目标，是企业持续发展的必然要求。通过分析利润结构与资产结构的匹配性，可以考察企业经营资产与投资资产的相对增值质量，从而作为预测企业可持续发展潜力的重要依据。

（一）对内经营性资产的增值质量分析

对于经营资产的分析，要看其产生的收益水平的增值幅度，可以计算经营性资产报酬率（即核心利润与经营性资产平均余额的比率）。通过第六章的分析可知，A 企业是经营主导型企业，并且侧重对内经营，所以，分析时需要关注对内经营性资产的结构性差异及其对企业利润贡献造成的不同影响。固定资产和存货是企业对内经营性资产的核心，因为这两项是提升企业盈利能力和变现能力的真正媒介，是企业拥有的资源和能力的体现。相应地，通过计算对内经营性资产的报酬率，可判定企业经营性资产的质量。A 企业 2020 年年报对内经营性资产的相关数据见表 7-10，其中对内经营性资产的总额来自于第五章的表 5-11 的计算结果。

表 7-10 A 企业 2020 年年报对内经营资产数据

项目	本期（元）	上期（元）	增减（%）
存货	1,284,730,163.32	999,588,712.90	28.53
固定资产	761,802,856.46	774,512,614.38	-1.64
营业收入	7,233,756,498.64	5,312,194,274.60	36.17
核心利润	712,684,621.83	154,694,310.10	360.71
对内经营性资产	5,632,364,690.17	3,686,631,226.19	52.78

A 企业 2020 年存货较上年同期大幅度增加，同比增长 28.53%。但是固定资产较上年同比下降 1.64%。存货增长，表明企业的生产能力在提高。

表 7-11 A 企业 2020 年年报固定资产项目注释

单位：元

项目	期末账面价值	期初账面价值
房屋及建筑物	531,705,911.19	557,029,282.42
机器设备	182,239,194.68	172,462,795.04
运输工具	5,923,393.22	4,881,934.32
办公设备	41,934,357.37	40,138,602.60
合计	761,802,856.46	774,512,614.38

结合报表附注（见表 7-11）分析发现，固定资产账面价值（账面价值 = 账面余额 - 减值准备）下降的主要原因在于房屋、建筑物正常折旧，其他和生产能力有关的机器设备和运输工具都有净增加。

然后，关注对内经营性资产产生的营业收入和核心利润的关系。在最近几年，A 企业通过自己的生产线生产出的存货都有较好的市场，2020 年营业收入增长了 36.17%。再看对内经营性资产报酬率，根据第五章对资产负债表的重分类结果（见表 5-11），A 企业 2020 年和 2019 年对内经营性资产金额分别为 56.32 亿元、36.87 亿元，对内经营性资产报酬率为 15.30%。此外，2020 年对内经营性资产增加 52.78%，而核心利润增加了 360.71%，这充分说明 A 企业经营状况较好。

（二）对外权益性投资的增值质量分析

对外投资分为股权投资和债权投资，报表列报为长期股权投资和金融资产。对投资性资产占用的资源进行分析时，应该重点关注企业对外权益性投资，尤其是控制性投资。而控制性投资只有靠取得股权的方式才能够实现，这是企业在不采取直接融资的情况下实现对子公司的控制，也是企业合并后为实现集团跨越式发展最为迅速的方式。因此，在母公司报表中

"长期股权投资"项目所列的金额与合并报表中"长期股权投资"项目所列的金额的差额就是企业控制性投资的基本规模。A 企业 2020 年年报长期股权投资项目情况见表 7-12。

另外，企业也可能通过"其他应收款"或者"预付账款"的形式向子公司提供资源支持（A 企业此部分数据见表 5-11）。更值得注意的是，在剖析投资资产质量时，仍然需要将三张报表联系起来，从而形成较为清晰的分析思路：母公司的控制性投资资产——子公司的核心利润（母公司投资收益）——子公司经营现金净流量。通过对这条脉络的分析，有助于我们把握企业对外投资的资产质量。

表 7-12　A 企业 2020 年年报长期股权投资项目金额

单位：元

项目		合并报表	母公司报表	差额
长期股权投资	期末余额	171,046,911.80	1,196,400,287.06	1,025,353,375.26
	期初余额	174,518,625.15	863,661,017.51	689,142,392.36
资产总额	期末余额	6,162,353,381.76	4,341,791,589.26	1,820,561,792.50
	期初余额	4,332,090,968.40	4,114,907,632.04	217,183,336.36

从表 7-12 的数据来看，"长期股权投资"项目在母公司报表和合并报表之间的差额为 10.25 亿元，这反映了 A 企业 2020 年对外控制性投资的基本规模。在资产总额中合并报表和母公司报表数据的差额为 18.21 亿元。这意味着企业用 10.25 亿元的实际资源占用撬动了 18.21 亿元的扩张性资产。而 2019 年的扩张程度远不及 2020 年。由此可以看出，2020 年 A 企业凭借自身的良好形象吸纳了少数股东对子公司的投资，增量撬动效应佳。

需要注意的是：这个控制性投资规模的数字只是一个大概的估计。这是因为，反映企业对外控制性投资的精确数字应该按照上述各个项目的原值进行分析、确定，但从资产负债表上我们只能看到净值数字。净值与原值之间产生差异的主要因素除了相应资产的减值准备计提外，还有较为复杂的明细对应关系。当然，作为战略分析，上述这样的处理在很大程度上是能够达到分析目的的，主要可以通过计算对外权益性投资资产报酬率来分析与评价权益性投资的增值质量，见表 7-13。

表 7-13　A 企业 2020 年对外权益性投资数据

单位：元

项目	期末账面价值	期初账面价值
长期股权投资	171,046,911.80	174,518,625.15
投资收益	45,299,728.09	−1,974,130.83
其中：对联营企业和合营企业的投资收益	−7,215,477.53	−1,851,330.83
处置长期股权投资产生的投资收益	46,107,739.18	
对外权益性投资资产的投资收益合计	38,892,261.65	−1,851,330.83
对外权益性投资资产报酬率	22.51%	—

从表 7-13 可以看出，对外权益性投资资产报酬率总体水平较高，但是看其投资收益的来源，绝对贡献额大的是"处置长期股权投资产生的投资收益"项目，随着优质的长期股权投资的处置，该项目并没有可持续性。而通过对联营企业和合营企业投资取得的投资收益在 2019、2020 年这两年均为负值。

三、利润结构的现金获取质量分析

一个优质的成长企业，除了收入增长、利润增长，还要有持续的经营活动现金净流入的增长。看总体利润和经营活动现金流的关系，一般通过计算经营活动现金净流量与净利润的比率（即：经营活动现金流量净额÷净利润×100%）。根据财报数据，A企业2019年、2020年经营活动现金净流量与净利润比率分别为1.86和2.16（该指标一般为1即为合理），总体情况较好。而分析利润结构的现金获取质量，就是看利润结构能否与现金流量结构保持趋同性。

（一）核心利润的现金获取质量分析

由于未实现的资产持有损益并不会给企业带来真正的现金流量，因此，分析时只需考虑不包括未实现的资产持有损益的核心利润，只看核心利润的现金获取质量。在将"核心利润"进一步调整为"同口径的核心利润"之后，将其与经营活动产生的现金净流量进行比较，便可以揭示企业自身经营活动产生的核心利润获取现金的能力。同口径核心利润的计算公式为：

同口径核心利润＝核心利润＋固定资产折旧＋其他长期资产摊销额＋财务费用－所得税费用

A企业2020年同口径核心利润计算见表7-14。

表7-14　A企业2020年同口径核心利润计算表

单位：元

项目	本期发生额	上期发生额
核心利润	712,684,621.83	154,694,310.10
折旧与摊销	22,159,973.04	22,159,973.04
长期待摊费用摊销	4,395,240.31	4,395,240.31
财务费用	63,458,275.93	4,598,554.26
所得税费用	87,609,735.12	23,165,276.38
同口径核心利润	715,088,375.99	162,682,801.33
经营活动现金净流量	1,196,800,835.51	261,594,219.37

根据 A 企业 2020 年报中利润表的管理费用项目附注，"固定资产折旧＋其他长期资产摊销额"部分整合为"折旧与摊销＋长期待摊费用摊销"，计算的同口径核心利润见表 7-14。一般来说，经营活动产生的现金净流量与同口径核心利润两者的金额应基本一致，因为只有当二者金额一致时经营利润才能很好地转化为现金流。我们可以看出，2020 年 A 企业同口径核心利润数值低于经营活动产生的现金流量的数值，这表明 A 企业 2020 年的利润提高很多，而且有充足的现金净流量做支撑。

（二）投资收益的现金获取质量分析

在第六章中已经分析了 A 企业 2020 年年报投资收益项目，针对获取现金流入的能力，继续进行分析。

A 企业 2020 年年报投资收益项目的注释见表 7-15。

表 7-15　A 企业 2020 年年报投资收益项目注释

单位：元

项目	本期发生额	上期发生额
权益法核算的长期股权投资收益	−7,215,477.53	−1,851,330.83
处置长期股权投资产生的投资收益	46,107,739.18	
处置交易性金融资产取得的投资收益	6,407,466.44	−122,800.00
合计	45,299,728.09	−1,974,130.83

可以看出，企业投资收益的来源主要有以下渠道：①对外转让投资（金融资产和长期股权投资）取得的处置收益；②长期债权投资的利息收益；③长期股权投资（成本法和权益法）的持有收益。如果将投资收益的发生额和该业务获取现金流量的金额进行对比，会产生差异的业务是：权益法确认的长期股权投资持有收益，该投资收益的金额是被投资方实现盈利、投资企业按自己应享有的份额确认，而现金流入的金额是被投资单位

宣告分配红利、投资企业按自己应享有的份额确认。根据 A 企业投资收益的附注信息显示：2020 年产生差异的业务规模较小、2019 年产生差异的业务规模却很大。从产生现金流量的能力上来看，2020 年情况优于 2019 年。

在分析投资收益产生现金流量的能力时，具体做法是：将扣除金融资产处置收益和长期股权投资转让收益后的投资收益与相应的现金回款金额进行比较。相应的现金回款金额的计算公式为：

相应的现金回款金额＝取得投资收益收到的现金＋（年末"应收股利"＋年末"应收利息"）－（年初"应收股利"＋年初"应收利息"）

A 企业 2020 年现金回款与投资收益对比情况见表 7-16。

表 7-16　A 企业 2020 年现金回款与投资收益对比数据

单位：元

项目	本期	上期
取得投资收益收到的现金	32,973,964.85	5,440,502.92
应收利息	—	3,871,583.33
应收股利	—	—
相应的现金回款金额	29,102,381.52	—
投资收益	45,299,728.09	−1,974,130.83

表 7-16 的计算结果验证了 2020 年 A 企业投资收益的现金获取能力尚可。另外，由于《企业会计准则》规定，对子公司的投资现在采取成本法进行核算，不构成投资收益发生额和获取现金流量的金额的差异，从而会极大地改善相关的利润与资产质量。

第 *8* 章

关注企业现金管理状况

　　本章主要从现金流量表的项目方面分析企业现金管理状况。企业的经营活动现金流量、投资活动现金流量、筹资活动现金流量三者之间相互影响，而且企业在不同时期，三种现金流量各有其特点，三者之间的比例关系也会发生变化。从企业现金的充分性出发，可以揭示企业的资本支出能力；将利润表的数据和现金流量表数据结合起来，可以分析判断其合理性和稳定性。分析企业的现金管理状况，可先从三种现金流量的质量角度出发进行分析，然后综合到一起，从企业的生命周期角度出发进行判断，以便能得到更多的有利于使用者进行决策或预测的会计信息。

第一节　关注现金流量质量

　　现金流量质量是指企业的现金流量能够按照企业的预期目标进行正常运转的质量。根据现金流量表的内部结构，对现金流量的质量分析可以围绕以下三个方面展开：经营活动现金流量、投资活动现金流量以及筹资活动现金流量。

一、经营活动现金流量质量分析

　　经营活动产生的现金流量是指在某一会计期间由企业自身的生产经营活动所带来的现金流入量和流出量，其质量分析可从现金流量的充足性、合理性以及稳定性等方面设计计算指标。

（一）经营活动现金流量充足性分析

经营活动现金流量充足性代表企业有足够的现金流量，可满足其正常运转和规模扩张的需要。经营活动产生的现金流入首先需要抵补自身所需的现金流出，在投资活动方面，为保持现有的生产能力还需要满足维持性资本支出。维持性资本支出指仅用于维持原有产能的生产设备的修理、改良或更新的支出，可简单地以当期折旧额来确定，而在筹资活动方面还需要有能力支付股利和利息，那么就形成下列关系式：经营活动净现金流量＞本期折旧额＋无形资产摊销＋支付现金股利和支付利息费用，这样，则可以大致证明企业的经营活动现金流量正常且具有充足性。A 企业2020 年经营活动现金净流量与相关项目情况见表 8-1。

表 8-1　A 企业 2020 年经营活动现金净流量与相关项目的比较

单位：元

项目	本期发生额	上期发生额
固定资产和投资性房地产折旧	113,695,440.93	98,235,735.50
无形资产摊销	6,515,247.19	5,636,561.27
长期待摊费用摊销	8,632,339.27	7,138,924.08
分配股利、利润或偿付利息支付的现金	4,417,993.47	171,905,046.53
需要现金流量支付合计	133,261,020.86	282,916,267.38
经营活动现金净流量	1,196,800,835.51	261,594,219.37

表 8-1 中的数据均来自 A 企业的现金流量表（包括主表和附表）。从表 8-1 可以看出，A 企业 2019、2020 年经营活动所产生的净现金流量基本能够抵补固定资产折旧、无形资产摊销、支付现金股利和利息费用，2019 年略有不足，2020 年抵补之后有很多剩余的现金流量，A 企业 2020

年经营活动现金净流量的充足程度很好。

（二）经营活动现金流量合理性分析

经营活动现金流量合理性分析包括企业经营活动现金流入是否顺畅、现金流出是否合理以及现金流入和流出是否匹配、协调等。可通过计算商业债权与营业收入之间的比值（应收票据与应收账款之和÷营业收入）来衡量企业经营活动现金流入是否顺畅；可通过计算经营活动现金流入和流出的比值（经营活动现金流入量÷经营活动现金流出量）来衡量现金流入和流出是否匹配、协调。A企业2020年营业收入和商业债权对比情况见表8-2。

表8-2　A企业2020年营业收入和商业债权对比数据

项目	本期	上期
营业收入（元）	7,233,756,498.64	5,312,194,274.60
应收票据（元）	137,157.58	765,261.10
应收账款（元）	1,288,373,611.95	927,428,592.62
商业债权合计（元）	1,288,510,769.53	928,193,853.72
商业债权与营业收入比值	0.18	0.17

从表8-2可以看出，A企业的营业收入在增加，商业债权也在增加。要想深入分析企业资金收回的情况，分析经营活动现金流入的顺畅性、合理性，就需要计算商业债权与营业收入的比值。根据表8-2计算结果可知，2019、2020年的营业收入中有不到20%的商业债权，企业可以收回80%以上的营业收入，且情况稳定。

接下来计算经营活动现金流入流出比，见表8-3。

表 8-3　A 企业 2020 年经营活动现金流入流出比情况

项目	本期	上期
经营活动现金流入小计（元）	7,249,100,982.81	5,739,512,765.09
经营活动现金流出小计（元）	6,052,300,147.30	5,477,918,545.72
经营活动现金流入流出比	1.20	1.05

如表 8-3 所示，A 企业 2019、2020 年经营活动现金流入流出比都超过 1，即每 1 元经营活动现金流出都能获得更多经营活动现金流入，而且 2020 年经营活动的现金流量质量优于 2019 年。从流入和流出的分项数据上看，2020 年经营活动现金流入的金额比 2019 年增加了 26.3%，而经营活动现金流出的金额增加 10.5%，导致 2020 年经营活动产生的现金流量净额比 2019 年增加 3 倍多，经营活动产生的现金流量净额变动的原因主要在于 2020 年销售商品、提供劳务收到的现金增加。

（三）经营活动现金流量稳定性分析

经营活动现金流量稳定性分析，就是关注企业各会计期间的经营活动现金流量规模是否存在剧烈波动，以及是否存在异常变化，可通过计算销售商品及劳务的现金流入量和营业收入对比的指标进行分析，即计算销售收现比率（销售商品与提供劳务收到的现金 ÷ 营业收入 ×100%），A 企业 2020 年营业收入和销售商品及提供劳务产生的现金流入量情况见表 8-4。

表 8-4　A 企业 2020 年营业收入和销售商品及提供劳务产生的现金流入量对比数据

项目	本期	上期
营业收入（元）	7,233,756,498.64	5,312,194,274.60
销售商品、提供劳务收到的现金（元）	6,969,023,845.56	5,489,685,431.56
销售收现比率（%）	96.34	103.34
销售收现比率行业均值（%）	93.29	94.69

从表 8-4 可以看出，A 企业 2020 年营业收入和销售商品及提供劳务产生的现金流入量两个项目的金额均比 2019 年增加，相对营业收入而言，销售商品及劳务的现金流入量较为充足，而且这两期销售收现比率在 100% 左右，都高于同期行业均值，说明 A 企业销售商品以及提供劳务产生的现金流入量稳定性较好。

二、投资活动现金流量质量分析

（一）投资活动现金流量的战略吻合性分析

企业投资活动的现金流出数量和方向代表了企业的扩张规模和扩张战略。通过对企业一定时期投资活动现金流量绝对规模的考察，可以推测出企业对其战略的落实程度。A 企业 2020 年投资活动现金流出情况见表 8-5。

表 8-5　A 企业 2020 年投资活动现金流出情况

单位：元

项目	本期	上期
购建固定资产、无形资产以及其他长期资产支付的现金	134,779,397.88	312,253,165.59
投资支付的现金	48,999,876.00	42,408,400.00
支付其他与投资活动有关的现金	60,000,000.00	6,000,000.00
投资活动现金流出小计	243,779,273.88	360,661,565.59

从表 8-5 可以看出，A 企业 2019、2020 年在投资活动现金流出的结构中都是购建固定资产、无形资产以及其他长期资产占比居高，均超过 50%。"投资支付的现金"项目反映企业进行权益性投资和债权性投资所支付的现金，2019、2020 年投资占比在 10% 到 20% 之间。2019 年开始，

A企业开始落实两大自有品牌的双轮驱动战略，从表8-5可以看出，A企业将大量现金投资于自营购建项目，这证明A企业投资活动安排的现金流出与其战略相符。

基于A企业目前的战略，接下来，通过计算对内投资现金流出量与现金流入量的指标，对A企业购建固定资产、无形资产和其他长期资产投资进行分析。A企业2020年对内投资现金流量情况见表8-6。

表8-6 A企业2020年对内投资现金流量情况

单位：元

项目	本期	上期
购建固定资产、无形资产以及其他长期资产所支付的现金	134,779,397.88	312,253,165.59
处置固定资产、无形资产以及其他长期资产所收到的现金净额	4,341,723.34	822,841.72

从表8-6可以看出，2019、2020年A企业在"购建固定资产、无形资产以及其他长期资产所支付的现金流量"远大于"处置固定资产、无形资产以及其他长期资产所收到的现金流量"，企业经营在实施扩张战略，因此投资数额较大。

（二）投资活动现金流量的效益性分析

1．对内投资

要想了解构建固定资产、无形资产和其他长期资产支付的现金的效益性，就要将购建固定资产、无形资产以及其他长期资产所支出的现金流量与公司核心利润进行对比分析，可利用本章"核心利润的现金获取质量分析"中"同口径核心利润"的计算结果。对比情况见表8-7。

表 8-7　A 企业 2020 年对内投资现金流量与效益情况

单位：元

项目	本期	上期
购建固定资产、无形资产以及其他长期资产所支付的现金	134,779,397.88	312,253,165.59
同口径核心利润	715,088,375.99	162,682,801.33

从表 8-7 可以看出，2019 年新增对内投资约 3.1 亿元，2020 年新增对内投资约 1.3 亿元，2020 年 A 企业同口径核心利润数值比 2019 年增加近 5.5 亿元，说明 A 企业在投资短期内现金效益较好，作用明显。

2. 对外投资

再从企业进行权益性投资和债权性投资所支付的现金流量以及投资收益的角度来分析"投资活动现金流量的效益性"。利用本章"投资收益的现金获取质量分析"中相应的现金回款金额的计算结果，对比情况见表 8-8。

表 8-8　A 企业 2020 年对外投资现金流量与效益情况

单位：元

项目	本期	上期
投资支付的现金	48,999,876.00	42,408,400.00
相应的现金回款金额	29,102,381.52	

从表 8-8 可以看出，A 企业进行权益性投资和债权性投资所支付的现金流量基本稳定在 0.4 至 0.5 亿元之间，2020 年，投资收益的现金回款金额约为 0.3 亿元，由此可见，A 企业对外投资的现金收益能力较好。

三、筹资活动现金流量质量分析

（一）筹资活动现金流量的适应性分析

筹资活动与经营活动、投资活动现金流量应存在一定的适应性关系，也就是说，当企业的经营活动和投资活动出现资金缺口时，筹资活动就应该发挥其作用，来填补资金缺口。如果这种适应性关系不存在，企业就容易出现资金缺口，从而产生资金链断裂的危机，这也从侧面反映出企业对现金流管理能力的不足。A 企业 2020 年经营活动、投资活动和筹资活动净现金流量情况见表 8-9。

表 8-9　A 企业 2020 年经营活动、投资活动和筹资活动净现金流量情况

单位：元

项目	本期	上期
经营活动产生的现金流量净额	1,196,800,835.51	261,594,219.37
投资活动产生的现金流量净额	−199,584,045.10	−348,162,425.89
经营活动和投资活动现金流量净额合计	997,216,790.41	−86,568,206.52
筹资活动产生的现金流量净额	−84,362,500.80	20,257,208.45
现金及现金等价物净增加额	878,489,352.30	−56,003,665.26

由表 8-9 可知，2019 年 A 企业在经营活动和投资活动现金流合计出现缺口时，筹资活动发挥了一定的补充性作用，让整体的现金流量正向发展，但是 2019 年 A 企业总体的现金流量仍为 −0.56 亿元，原因主要在于 A 企业进行了大规模投资活动。这种情况在 2020 年有所改变，企业经营活动和投资活动现金流量净额合计回归为正向，从逻辑来讲，A 企业可以

不筹资或少筹资，但其筹资活动产生的现金流量净额在 2020 年为较大负值，这样，就需要进一步剖析筹资活动的详细情况，进行恰当性分析。

（二）筹资活动现金流量的恰当性分析

筹资活动现金流量的恰当性分析主要分析企业是否存在超过实际需求的过度融资，可通过计算筹资活动净现金流量指标并结合企业发展规划进行分析。A 企业 2020 年筹资活动净现金流量情况见表 8-10。

表 8-10　A 企业 2020 年筹资活动净现金流量情况

单位：元

项目	本期	上期
吸收投资收到的现金	27,649,230.00	60,292,640.01
取得借款收到的现金	234,181,001.94	491,810,569.83
筹资活动现金流入小计	261,830,231.94	552,103,209.84
偿还债务支付的现金	317,683,995.70	350,709,472.54
分配股利、利润或偿付利息支付的现金	4,417,993.47	171,905,046.53
支付其他与筹资活动有关的现金	24,090,743.57	9,231,482.32
筹资活动现金流出小计	346,192,732.74	531,846,001.39
筹资活动产生的现金流量净额	−84,362,500.80	20,257,208.45

分析 A 企业 2019、2020 年筹资活动净现金流量情况，可以看出，与 2019 年相比，2020 年 A 企业吸收投资收到的现金（如发行股票、债券等方式筹集的资金）以及取得借款收到的现金都减少了约一半金额，同时大幅度消减了"分配股利、利润或偿付利息支付的现金"。A 企业 2020 年筹资活动产生的现金流量净额虽然为负值，但可看出其具有良好的适应性。

（三）筹资活动现金流量的多样性分析

筹资主要考虑成本问题，多样性筹资比单一性筹资降低成本的空间大，可通过计算一定时期不同筹资方式的筹资数量指标，对筹资活动现金流量的多样性进行分析。

沿用表 8-10 进行分析，可以看出，A 企业在 2019、2020 年这两年最主要的筹资方式是从银行借款，其次是吸收投资且占比不高，没有其他筹资方式。

第二节　关注企业生命周期

一、关于企业生命周期的理论

美国学者梅森·海尔瑞借鉴生物学观点，于 1959 年首次提出企业"生命周期"这一概念。他认为企业既是一个社会经济组织，也是一个生命有机体，有其从生到死、由盛转衰的过程。那之后，学者们对企业生命周期进行了不同的划分，其中，美国经济学家戈特和克莱珀于 1982 年将企业的生命周期划分为产生、成长、成熟、衰退和死亡五个阶段，这一划分方法得到理论界的普遍认同。当然，也有学者将企业的生命周期划分为四个阶段：初创期、成长期、成熟期和衰退期。

企业处于不同的生命周期，会因其所处阶段的发展优势和局限表现出不同的现金流量状况，会对现金流量产生不同的需求。研究企业生命周期与现金流量的关系，可以在企业不同的生命周期阶段对症下药，有效解决企业的现金流量问题，从而增强企业的可持续发展能力。

二、度量方法

企业的生命周期有多种划分方式，考虑到目前我国资本市场成立时间较短，发展相对不成熟，上市公司股利支付率普遍较低，以及数据的可获性及可操作性，本书采用现金流组合法（美国密西西比大学学者狄金森于2006年对现金流量与企业生周期之间的关系做了详尽的解释，经营现金流量、投资现金流量和融资现金流量反映了不同企业的盈利能力、增长速度以及面临的经营风险），并结合上述戈特和克莱珀的企业生命周期五阶段划分法，将企业的生命周期划分为导入期、成长期、成熟期、衰退期和淘汰期，并对企业不同生命周期的不同现金流量组合特征进行剖析。具体见表8-11。

表8-11 企业生命周期阶段划分标准

项目	导入	成长	成熟	衰退			淘汰	
经营活动产生的现金流量净额	−	+	+	+	+	−	−	−
投资活动产生的现金流量净额	−	−	−	+	+	−	+	+
筹资活动产生的现金流量净额	+	+	−	+	+	−	+	−

（1）导入期：在这个时期，企业缺乏客户，对潜在收入和成本认识不足，从财务报表上看，这个时期企业经营活动产生的现金净流量与投资活动产生的现金净流量一般都是负数，企业需要筹资活动产生的现金流入来弥补缺口，其资金来源大多为举债、融资等活动。

（2）成长期和成熟期：随着投资增长与效率提升，企业的运营模式和盈利模式已走向成熟，趋于稳定，稳定的销售不断地为企业贡献营业活动的净现金流量，这就意味着成长期和成熟期的经营活动产生的现金流量净额为正值；同时，投资活动产生的现金流量净额为负值，说明企业在为未来的发展进行设备更新或扩大生产能力，或是在开拓市场，这表明企业的可持续发展有保障。成熟期和成长期的区别是：成熟期常常需要偿还很多外部资金，以保持企业良好的资信，这个阶段，筹资活动现金流量一般为负值。

（3）衰退期：若企业经营活动产生的现金流量净额为正，说明经营活动还是创造现金流量的；若投资活动产生的现金流量净额为正，则表明企业前期的投资开始获得回报，但也有可能是处置长期资产以缓解资金矛盾，这反映出企业生产经营能力下降；若企业经营、投资、筹资活动产生的现金流量净额均为负值，则意味着市场变化导致经营状况恶化，再加上因扩张投入了大量资金，企业财务状况危急，处于衰退期。

（4）淘汰期：由于销售增长率下降引起价格下降，最终导致经营活动产生的现金的流入能力下降，经营活动产生的现金流量净额为负值；投资活动产生的现金流量净额为正值，则意味着企业靠变卖资产度日，这意味着企业进入了淘汰期。

三、判断企业所处的生命周期

接下来，本书继续以 A 企业为例，根据企业的现金流量表现来判断企业处于哪个生命周期。为了避免受到某个年度偶发因素的影响，此处用 2015—2020 年的现金流量数据来分析 A 企业所处的生命周期。A 企业这六年的现金流量基本信息如表 8-12 所示。

表 8-12　A 企业 2015—2020 年现金流量情况

单位：万元

项目	2020 年	2019 年	2018 年	2017 年	2016 年	2015 年
经营活动产生的现金净额	119,680	26,159	1,531	48,505	29,177	49,293
	+	+	+	+	+	+
投资活动产生的现金净额	−19,958	−34,816	−35,391	−8,962	−28,778	−14,522
	−	−	−	−	−	−
筹资活动产生的现金净额	−8,436	2,026	77,418	963	2,744	−23,325
	−	+	+	+	+	−
生命周期归属	成熟	成长	成长	成长	成长	成熟

　　如表 8-12 所示，在这六年中，A 企业现金净流量的正负值组合情况有两种：经营活动产生的现金净额为正值，投资活动产生的现金净额为负值，筹资活动产生的现金净额为负值；经营活动产生的现金净额为正值，投资活动产生的现金净额为负值，筹资活动产生的现金净额为正值。在这六年中，A 企业大部分年份表现为第二种情况，这正是成长期的企业所具有的典型的现金流量表现，这说明 A 企业在 2016 年至 2019 年基本符合企业成长期的现金流量特征，在这种情况下，经营活动都能带来现金的净流入，投资活动都需要消耗资金，这说明企业的业务盈利状况良好，而且一直有投资、扩大市场占有率的需求，这正是企业处于高速成长期的表现。至于第一种情况，A 企业在 2015 年和 2020 年筹资活动产生的现金流量表现为净流出，现金流量呈现出成熟期的特征，就需要分析这是否与企业的价值导向有关。通过此前对筹资活动现金流量质量的分析，2020 年 A 企业筹资活动产生的现金净额为负值的主要原因是吸收投资收到的现金和取得借款收到的现金都减少约一半，可判断 A 企业实施的应该是稳健的财务

战略。

总体来说，A 企业在近几年基本处于黄金成长期，也呈现出成熟期的一些特征。

企业的发展是按照企业的生命周期轨迹运行的，那么，关注企业的生命周期所处的具体阶段，可以帮助财报使用者预测企业未来的发展态势，对于财报分析有重要的现实意义。

本书利用"管理用财务报表"概念和张新民的"战略结构资产负债表"思想，兼容集团和母公司的视角对财报数据进行解读，从三大报表的维度搭建系统的财报分析框架，以 A 企业总体发展战略为基础，剖析其实施的财务战略类型。

纵观 A 企业 2019、2020 年这两年的整体财报表现，可看出其财务战略意图。通过解读资产负债表，诊断企业的财务状况：A 企业 2019、2020 年资产流动性强、应收账款变现能力高，财务风险也比较低，资本保全能力很好，稍有不足的是，2020 年存货周转率略低于行业平均水平。利润表反映了企业的盈利情况：2020 年 A 企业两大自有品牌业务具有绝对优势和潜力，费用管控较为有效，盈利可持续性强，表现在经营方面资产报酬率较好，并能用自身的良好形象吸纳少数股东对子公司的投资，同行业均值相比，A 企业的股东收益达到了很高的水平，利润在当期有充足现金净流量做支撑。现金流量是企业财务运转的关键因素，现金流充足并有序地流动，企业才会健康发展。通过对现金流量质量的分析，2020 年 A 企业经营活动现金净流量的充分性、合理性、稳定性都很好，筹资活动产生的现金流量净额虽然为负值，但具有良好的适应性。最后，通过研究企业现金流量的变化来评估企业所处的生命周期，A 企业近几年处于黄金成长期，也呈现出成熟期的一些特征。

　　财报分析是对财务报表数据进行梳理、加工、比较以及分析，通过不同的视角和维度来探究企业筹资、投资以及运营情况。本书主要利用三张报表透视案例企业的经济活动，从财务报表中挖掘企业的战略信息，在对财务报表进行分析的过程中，获取除基本财务信息之外关于企业的更多信息。同时，财务报表在一定程度上可以反映企业战略的执行情况，以此来指导企业未来的发展。另一方面，考虑到企业战略对财务报表的影响，在对财务报表进行传统分析之外，作进一步的完善和补充，从企业战略的高度出发，更加关注企业的长期利益，避免片面性分析，弥补传统分析的不足。

附 录

附录 1

合并资产负债表

2020 年 12 月 31 日

编制单位：×××股份有限公司　　　　　　　单位：元　币种：人民币^①

项目	2020 年 12 月 31 日	2019 年 12 月 31 日
流动资产：		
货币资金	1,965,206,872.47	1,088,166,629.77
交易性金融资产	62,313,700.00	4,499,900.00
衍生金融资产		
应收票据	137,157.58	765,261.10
应收账款	1,288,373,611.95	927,428,592.62
应收款项融资	60,462,410.49	28,554,760.66
预付款项	99,906,142.74	50,315,061.40
其他应收款	56,117,750.50	26,605,085.39
其中：应收利息		3,871,583.33
应收股利		
存货	1,284,730,163.32	999,588,712.90
合同资产		
持有待售资产		
一年内到期的非流动资产		
其他流动资产	155,478,136.47	40,192,622.97
流动资产合计	4,972,725,945.52	3,166,116,626.81

---

① 本书报表中的金额均为人民币，后文中不再标注。

（续表）

项目	2020 年 12 月 31 日	2019 年 12 月 31 日
非流动资产：		
债权投资		
其他债权投资		
长期应收款		
长期股权投资	171,046,911.80	174,518,625.15
其他权益工具投资		
其他非流动金融资产	81,665,669.30	48,881,873.07
投资性房地产	294,456.34	305,749.61
固定资产	761,802,856.46	774,512,614.38
在建工程	6,377,057.71	5,226,330.98
生产性生物资产		
油气资产		
使用权资产		
无形资产	87,284,158.86	89,285,826.52
开发支出		
商誉		
长期待摊费用	5,807,237.35	8,270,386.22
递延所得税资产	75,349,088.42	64,972,935.66
其他非流动资产		
非流动资产合计	1,189,627,436.24	1,165,974,341.59
资产总计	6,162,353,381.76	4,332,090,968.40

（续表）

项目	2020 年 12 月 31 日	2019 年 12 月 31 日
流动负债：		
短期借款	108,981,024.50	195,419,818.26
交易性金融负债		
衍生金融负债		
应付票据	199,626,273.15	131,760,401.59
应付账款	1,826,405,447.50	1,069,089,176.40
预收款项		115,213,406.58
合同负债	197,684,466.53	
应付职工薪酬	120,081,055.85	66,595,803.95
应交税费	168,941,919.19	36,311,299.36
其他应付款	335,774,205.71	218,012,027.25
持有待售负债		
一年内到期的非流动负债		
其他流动负债	81,137,945.98	
流动负债合计	3,038,632,338.41	1,832,401,933.39
非流动负债：		
长期借款		
应付债券		
租赁负债		
长期应付款		4,105,544.72
预计负债		

（续表）

项目	2020 年 12 月 31 日	2019 年 12 月 31 日
递延收益	2,148,126.46	3,469,711.05
递延所得税负债	8,608,613.53	6,730,419.47
其他非流动负债		
非流动负债合计	10,756,739.99	14,305,675.24
负债合计	3,049,389,078.40	1,846,707,608.63
所有者权益（或股东权益）：		
实收资本（或股本）	564,365,525.00	564,477,600.00
其他权益工具		
资本公积	1,007,347,914.05	989,757,404.33
减：库存股	67,709,377.96	60,292,640.01
其他综合收益	−32,655,113.19	−6,189,564.72
专项储备		
盈余公积	130,135,390.46	105,269,217.43
未分配利润	1,499,613,178.93	883,270,167.77
归属于母公司所有者权益（或股东权益）合计	3,101,097,517.29	2,476,292,184.80
少数股东权益	11,866,786.07	9,091,174.97
所有者权益（或股东权益）合计	3,112,964,303.36	2,485,383,359.77
负债和所有者权益（或股东权益）总计	6,162,353,381.76	4,332,090,968.40

附录 2

合并利润表

2020 年度

编制单位：×××股份有限公司 　　　　　　　　　　　　　　　单位：元

项目	2020 年	2019 年
一、营业总收入	7,233,756,498.64	5,312,194,274.60
其中：营业收入	7,233,756,498.64	5,312,194,274.60
利息收入		
已赚保费		
手续费及佣金收入		
二、营业总成本	6,521,071,876.81	5,157,499,964.50
其中：营业成本	4,133,642,745.25	3,278,045,801.11
利息支出		
手续费及佣金支出		
退保金		
赔付支出净额		
提取保险责任准备金净额		
保单红利支出		
分保费用		
税金及附加	54,001,873.69	36,895,129.52
销售费用	1,560,704,816.81	1,231,776,009.92
管理费用	371,244,325.38	328,849,972.33
研发费用	338,019,839.75	277,334,497.36
财务费用	63,458,275.93	4,598,554.26

（续表）

项目	2020 年	2019 年
其中：利息费用	7,624,097.24	8,506,272.71
利息收入	10,563,457.17	11,439,447.81
加：其他收益	66,441,417.80	17,813,884.64
投资收益（损失以"－"号填列）	45,299,728.09	−1,974,130.83
其中：对联营企业和合营企业的投资收益	−7,215,477.53	−1,851,330.83
以摊余成本计量的金融资产终止确认收益		
汇兑收益（损失以"－"号填列）		
净敞口套期收益（损失以"－"号填列）		
公允价值变动收益（损失以"－"号填列）	7,332,096.23	2,770,544.35
信用减值损失（损失以"－"号填列）	−13,575,593.72	−577,350.26
资产减值损失（损失以"－"号填列）	−92,874,350.23	−31,422,145.92
资产处置收益（损失以"－"号填列）	2,218,531.15	−338,454.59
三、营业利润	727,526,451.15	140,966,657.49
加：营业外收入	5,172,858.77	6,638,819.06
减：营业外支出	1,104,779.51	3,178,068.62
四、利润总额（亏损总额以"－"号填列）	731,594,530.41	144,427,407.93

（续表）

项目	2020 年	2019 年
减：所得税费用	87,609,735.12	23,165,276.38
五、净利润（净亏损以"－"号填列）	643,984,795.29	121,262,131.55
（一）按经营持续性分类		
1. 持续经营净利润（净亏损以"－"号填列）	643,984,795.29	121,262,131.55
2. 终止经营净利润（净亏损以"－"号填列）		
（二）按所有权归属分类		
1. 归属于母公司股东的净利润（净亏损以"－"号填列）	641,209,184.19	120,705,002.66
2. 少数股东损益（净亏损以"－"号填列）	2,775,611.10	557,128.89
六、其他综合收益的税后净额	−26,465,548.47	−2,703,379.85
（一）归属母公司所有者的其他综合收益的税后净额	−26,465,548.47	−2,703,379.85
1. 不能重分类进损益的其他综合收益		
（1）重新计量设定受益计划变动额		
（2）权益法下不能转损益的其他综合收益		
（3）其他权益工具投资公允价值变动		
（4）企业自身信用风险公允价值变动		
2. 将重分类进损益的其他综合收益	−26,465,548.47	−2,703,379.85

（续表）

项目	2020 年	2019 年
（1）权益法下可转损益的其他综合收益		
（2）其他债权投资公允价值变动		
（3）金融资产重分类计入其他综合收益的金额		
（4）其他债权投资信用减值准备		
（5）现金流量套期储备		
（6）外币财务报表折算差额	−26,465,548.47	−2,703,379.85
（7）其他		
（二）归属于少数股东的其他综合收益的税后净额		
七、综合收益总额	617,519,246.82	118,558,751.70
（一）归属于母公司所有者的综合收益总额	614,743,635.72	118,001,622.81
（二）归属于少数股东的综合收益总额	2,775,611.10	557,128.89
八、每股收益：		
（一）基本每股收益（元／股）	1.14	0.22
（二）稀释每股收益（元／股）	1.14	0.22

附录 3

合并现金流量表

2020 年度

编制单位：×××股份有限公司　　　　　　　　　　　　　　单位：元

项目	2020 年	2019 年
一、经营活动产生的现金流量		
销售商品、提供劳务收到的现金	6,969,023,845.56	5,489,685,431.56
客户存款和同业存放款项净增加额		
向中央银行借款净增加额		
向其他金融机构拆入资金净增加额		
收到原保险合同保费取得的现金		
收到再保业务现金净额		
保户储金及投资款净增加额		
收取利息、手续费及佣金的现金		
拆入资金净增加额		
回购业务资金净增加额		
代理买卖证券收到的现金净额		
收到的税费返还	194,225,118.60	212,830,581.58
收到其他与经营活动有关的现金	85,852,018.65	36,996,751.95
经营活动现金流入小计	7,249,100,982.81	5,739,512,765.09
购买商品、接受劳务支付的现金	3,678,865,251.03	3,365,911,337.27
客户贷款及垫款净增加额		

（续表）

项目	2020 年	2019 年
存放中央银行和同业款项净增加额		
支付原保险合同赔付款项的现金		
拆出资金净增加额		
支付利息、手续费及佣金的现金		
支付保单红利的现金		
支付给职工以及为职工支付的现金	1,061,996,538.52	960,378,616.66
支付的各项税费	345,861,647.40	279,808,777.24
支付其他与经营活动有关的现金	965,576,710.35	871,819,814.55
经营活动现金流出小计	6,052,300,147.30	5,477,918,545.72
经营活动产生的现金流量净额	1,196,800,835.51	261,594,219.37
二、投资活动产生的现金流量		
收回投资收到的现金	6,879,540.59	
取得投资收益收到的现金	32,973,964.85	5,440,502.92
处置固定资产、无形资产以及其他长期资产收回的现金净额	4,341,723.34	822,841.72
处置子公司及其他营业单位收到的现金净额		
收到其他与投资活动有关的现金		6,235,795.06
投资活动现金流入小计	44,195,228.78	12,499,139.70

（续表）

项目	2020 年	2019 年
购建固定资产、无形资产和其他长期资产支付的现金	134,779,397.88	312,253,165.59
投资支付的现金	48,999,876.00	42,408,400.00
质押贷款净增加额		
取得子公司及其他营业单位支付的现金净额		
支付其他与投资活动有关的现金	60,000,000.00	6,000,000.00
投资活动现金流出小计	243,779,273.88	360,661,565.59
投资活动产生的现金流量净额	−199,584,045.10	−348,162,425.89
三、筹资活动产生的现金流量		
吸收投资收到的现金	27,649,230.00	60,292,640.01
其中：子公司吸收少数股东投资收到的现金		
取得借款收到的现金	234,181,001.94	491,810,569.83
收到其他与筹资活动有关的现金		
筹资活动现金流入小计	261,830,231.94	552,103,209.84
偿还债务支付的现金	317,683,995.70	350,709,472.54
分配股利、利润或偿付利息支付的现金	4,417,993.47	171,905,046.53
其中：子公司支付给少数股东的股利、利润		

（续表）

项目	2020 年	2019 年
支付其他与筹资活动有关的现金	24,090,743.57	9,231,482.32
筹资活动现金流出小计	346,192,732.74	531,846,001.39
筹资活动产生的现金流量净额	−84,362,500.80	20,257,208.45
四、汇率变动对现金及现金等价物的影响	−34,364,937.31	10,307,332.81
五、现金及现金等价物净增加额	878,489,352.30	−56,003,665.26
加：期初现金及现金等价物余额	1,086,717,520.17	1,142,721,185.43
六、期末现金及现金等价物余额	1,965,206,872.47	1,086,717,520.17

附录 4

A 企业 2020 年管理用资产负债表（简表）

单位：元

净经营资产	2020 年 12 月 31 日	2019 年 12 月 31 日	净负债及股东权益	2020 年 12 月 31 日	2019 年 12 月 31 日
经营性流动资产	4,695,449,835.03	2,744,057,382.82	金融性负债	108,981,024.50	195,419,818.26
减：经营性流动负债	2,929,651,313.91	1,636,982,115.13	减：金融性资产	358,941,779.79	470,941,117.06
净经营性营运资本	1,765,798,521.12	1,107,075,267.69	净负债	−249,960,755.29	−275,521,298.80
经营性长期资产	1,107,961,766.94	1,117,092,468.52	股东权益	3,112,964,303.36	2,485,383,359.77
减：经营性长期负债	10,756,739.99	14,305,675.24	净负债及股东权益总计	2,863,003,548.07	2,209,862,060.97
净经营性长期资产	1,097,205,026.95	1,102,786,793.28			
净经营资产总计	2,863,003,548.07	2,209,862,060.97			

附录 5
A 企业 2020 年管理用利润表

单位：元

	2020 年	2019 年
经营损益：		
一、营业收入	7,233,756,498.64	5,312,194,274.60
减：营业成本	4,133,642,745.25	3,278,045,801.11
税金及附加	54,001,873.69	36,895,129.52
销售费用	1,560,704,816.81	1,231,776,009.92
管理费用	371,244,325.38	328,849,972.33
研发费用	338,019,839.75	277,334,497.36
财务费用（经营性）	66,397,635.86	7,531,729.36
加：其他收益	66,441,417.80	17,813,884.64
加：投资收益（经营性）	38,892,261.65	−1,851,330.83
资产减值损失（经营性）	−92,874,350.23	−31,422,145.92
信用减值损失	−13,575,593.72	−577,350.26
资产处置收益	2,218,531.15	−338,454.59
二、税前营业利润	710,847,528.55	135,385,738.04
加：营业外收入	5,172,858.77	6,638,819.06
减：营业外支出	1,104,779.51	3,178,068.62
三、税前经营利润	714,915,607.81	138,846,488.48
减：经营利润所得税	85,612,404.70	24,135,396.00
四、税后经营净利润	629,303,203.08	114,711,092.49
金融损益：		
五、利息费用	−16,678,922.60	−5,580,919.50
减：利息费用抵税	1,997,330.40	−970,119.60
六、税后利息费用	−14,681,592.20	−4,610,799.80
七、利润总额	731,594,530.41	144,427,407.93
七、净利润	643,984,795.29	110,100,292.65

参考文献

[1] 王建成，孙梦繁，包红霏. 财务报表与企业财务战略分析——以科沃斯为例 [J]. 财务管理研究，2022(04):32-37.

[2] 张洪霞，顾福珍，孙伟. 上市公司现金流质量分析——以 SXZ 公司为例 [J]. 科学决策，2021(06):90-103.

[3] 王冬梅，林旭锋. 会计准则修订对报表项目和财务分析指标可比性的影响 [J]. 财会月刊，2021(12):83-90.

[4] 王淑臣. 百分比财务报表——理论基石、构建原理及方法创新应用 [J]. 财会通讯，2021(06):8-12.

[5] 包红霏，张一婷，陈雪婷. 资产负债观下上海医药财务报表分析 [J]. 财务管理研究，2020(07):1-14.

[6] 张新民，钱爱民，陈德球. 上市公司财务状况质量：理论框架与评价体系 [J]. 管理世界，2019，35(07):152-166+204.

[7] 张娟娟，周松. 杜邦财务比率模型分析体系构建——以金杯汽车股份有限公司 (集团) 为例 [J]. 财会通讯，2019(17):109-112.

[8] 赵燕. 管理用财务报表的编制与运用探究——基于广汽集团 2015 年财报数据 [J]. 财会通讯，2018(05):74-77.

[9] 马广奇，张芹. 从四个维度构建企业财务质量分析的系统性框架 [J]. 财会月刊，2017(16):27-32.

[10] 梁彩霞. 常用财务比率指标在企业财务分析中关联探讨 [J]. 财会通讯，2014(14):81-82.

[11] 张新民. 资产负债表：从要素到战略 [J]. 会计研究，2014(05):19-28+94.

[12] 陈少华，陈爱华. 企业生命周期划分及度量方法评析 [J]. 财会月刊，2012(27):77-78.

[13] 徐泓，王玉梅. 资产质量评价指标体系研究 [J]. 经济与管理研究，2009(05):117-121.

[14] 徐文学，姚昕. 上市公司资产质量实证研究——以江苏省制造业上市公司为例 [J]. 财会通讯，2010(04):134-135.

[15] 钱爱民，张新民. 新准则下利润结构质量分析体系的重构 [J]. 会计研究，2008(06):31-38+95.

[16] 黄世忠. 财务报表分析的逻辑框架——基于微软和三大汽车公司的案例分析 [J]. 财务与会计，2007(19):14-19.

[17] 朱武祥，魏炜. 商业模式 雀巢解决难题的一个思路商业模式这样构建 [J]. 深圳特区科技，2007(03):20-22.

[18] 陈瑜，王栋. 试论财务报表分析视角 [J]. 财经问题研究，2003(04):72-75.